-30-
À LA
UNE

Données de catalogage avant publication (Canada)

Richer, Anne
    -30- à la une

    ISBN 2-7604-0434-X
    1. Québec (Province) - Biographies. I. Titre. II
    Titre: Trente à la une.

FC2925.1.AIR52 1993   971.4'04'0922   C93-096422-5
F1053.24.R52 1993

Photos:
Jean-Marie Bioteau (p. 9 et 143), Bernard Brault (p. 103, 175, 183),
Denis Courville (p. 167), Jean Goupil (p. 111), Michel Gravel (p. 57, 65, 95),
Pierre McCann (p. 79, 207), Robert Mailloux (p. 33, 41, 49, 199),
Robert Nadon (p. 119, 231), Luc Simon Perrault (p. 87),
Alain Stanké (p. 135), P.H. Talbot (p. 25, 127, 151, 159, 215, 223).

Conception graphique et montage: Olivier Lasser

© Les éditions internationales Alain Stanké, 1993

*Le Conseil des Arts du Canada a apporté son aide
à la publication de cet ouvrage.*

ISBN 2-7604-0434-X

Dépôt légal: deuxième trimestre 1993

IMPRIMÉ AU QUÉBEC (CANADA)

ANNE RICHER

-30-
À LA
UNE

Préface de Claude Masson

Stanké

Du même auteur

Les glaneuses, Bergeron, 1984.

Table des matières

Préface

Adolescent, j'avais créé ma propre devise: «Être vrai ou ne pas être», apprenant beaucoup plus tard qu'un auteur célèbre l'avait inventée quelques siècles auparavant. En parcourant *30 à la une*, j'y découvre des gens vrais, des personnes en chair et en os qui ont un cœur, une âme, un esprit. Des êtres de valeur. Des êtres inspirés. Des êtres profonds. Dans cette société en difficulté, sur cette planète qui traverse une forte période de perturbations, en cette fin de siècle turbulente, il est stimulant, fascinant même, de lire ce que pensent, ce que vivent, ce que désirent, ce que projettent des hommes et des femmes qui, chacun(e) à leur façon, construisent notre aujourd'hui et notre demain collectifs par leur contribution significative et variée à l'évolution de «notre» monde. Ce livre, capsule d'optimisme sur le sens de la vie, est le fruit d'entrevues, de portraits, de témoignages recueillis par la journaliste Anne Richer, de *La Presse*. Une collègue et amie qui sait écouter, qui sait faire sortir l'essentiel, qui sait scruter l'intériorité de la personne interviewée. Ce ne furent pas des entrevues de façade, impressionnistes, superficielles. Des heures de confidences. Des heures de partage. Des heures de convivialité. En se confiant à Anne, des personnes se sont découvertes elles-mêmes. C'est la puissance du sens poussé de la communication de la journaliste qui a provoqué la richesse des témoignages. Depuis qu'elle a choisi cette vocation de faire parler les gens sur eux-mêmes, librement, profondément, Anne Richer a humanisé le contenu d'un grand quotidien. Et quand la communication s'humanise, c'est la société elle-même qui s'humanise. Au moins le double des personnes citées dans ce livre ont été rencontrées. À l'exemple d'un jury qui est brisé par l'obligation de faire des choix parmi des candidats(es) exceptionnels, il a fallu se limiter et choisir. C'est une première édition. Il est à souhaiter que l'ensemble soit un jour publié. Car, en plus de la valeur de chaque personne, le rassemblement des témoignages permet de reconnaître et d'apprécier la richesse de notre collectivité. Ma devise d'adulte est empruntée du philosophe allemand Goethe: «Quoi que tu rêves d'entreprendre, commence-le. L'audace a du génie, du pouvoir, de la magie.» C'est ce que me révèlent les personnalités dont témoigne ce livre.

Claude Masson
Vice-président et éditeur adjoint
La Presse

Pierre Bourgault

Lundi 31 août 1992

O n l'a longtemps imaginé sur son cheval blanc, chevalier sans peur et sans reproche, crinière blanche au vent, haranguant la foule, secouant la mollesse et l'indifférence, portant haut les idées de justice, d'autonomie, d'indépendance. Suivi par une horde d'admirateurs portés par son exaltation, il a canalisé des rêves de jeunesse, alimenté l'espoir; sa voix résonnait, sa passion rayonnait.

Cette image lui plaît: «J'étais d'ailleurs superbe sur mon cheval blanc!» Mais voilà que le cheval est fatigué, voilà que l'homme, Pierre Bourgault, a mis pied à terre, désarçonné. La crinière n'est plus aussi garnie, le corps a des lassitudes, l'esprit en revanche fleurit maintenant dans une demi-solitude, loin des applaudissements dont il se dit guéri, loin des foules qu'il a animées, loin de l'agitation, des nuits blanches de la folle jeunesse. Il enseigne, il écrit, il parle encore.

Pierre Bourgault a 59 ans. Dans sa maison de campagne, les oies aboient, «oui, oui mes beautés!», tandis que le chien Bito dort; les poules blanches ont des poussins noirs, les chats sont gris de jour et de nuit. C'est une sorte de paradis envahi par les fleurs, avec une île baignant dans un étang stagnant qu'il a lui-même aménagé; l'homme politique, le pamphlétaire, l'orateur, l'animateur creuse mille trous, plante mille arbres, insatiable et tourmenté par l'idée de la vie. «Sur des photos de moi, enfant, je tiens des fleurs.» Il est fier de ses cèdres gros et gras, des poissons rouges devenus énormes. Son jardin cette année est comme lui, mature, profond, plus sage. Avec un large geste de la main, il montre les limites de sa terre «jusqu'aux vaches, jusqu'aux arbres». La paix.

«Sur une terre on peut être seul. Et on a tout l'espace pour s'amuser à jardiner.» Tout est calculé, résolument contrôlé. Les fleurs et leur éclat de couleurs arrivent en temps et lieu.

«On peut croire que je me disperse?» Insatiable de comprendre. Avide de transmettre. «Au fond je n'ai été qu'une chose: communicateur. J'ai parlé de tout, des fleurs, des femmes, de la politique, de trivialités; écrire des chansons ou des discours c'est pareil.» L'image Pierre Bourgault, il n'en a cure. Il ne veut pas plaire, ni séduire, ses colères adolescentes ont laissé plus de place, dans l'âge mûr, à une certaine indifférence. L'essentiel est plus présent.

La maison est un port d'attache, mais il peut lever l'ancre quand bon lui semble. Enraciné et nomade. Contemplatif et actif. Une dualité complexe avec laquelle Pierre Bourgault a appris à bien vivre. L'équilibre. Une vie faite de pertes et de retrouvailles. Le quotidien est rempli de silences et de réflexions, de temps morts, de nonchalances. Juste être bien, comme si la solitude était un baume. Comme si le présent seul comptait.

Entre 16 et 19 heures, une bouteille de vin sur la table, les notes éparpillées, la réflexion à son meilleur, tout bouillonne: dans la tête et dans la marmite. Pierre Bourgault peut écrire sans coup férir; il est tranquille. Et puis, «quand c'est fait, c'est fait. On tourne la page».

Un missionnaire

«Sauver le monde, ramasser les chiens écrasés. Voilà la plus grande partie de moi.» Pierre Bourgault avoue qu'il se calme en vieillissant; il n'a plus envie de 14 assemblées par semaine, des tribunes de tout acabit.

Ses passions successives, depuis les poissons tropicaux d'eau salée en passant par les orchidées, le travail et les idées l'ont amené à tout approfondir, par conséquent parfois à se blesser. Et il ne revient pas dans l'enfance pour comprendre son itinéraire: «Ça ne m'intéresse pas.»

Pourtant, un souvenir drôle: «J'ai fait l'armée avec Jacques Godbout. On est officiers de l'Armée canadienne, Godbout et moi. Oui madame! On avait choisi l'artillerie. Tu ne nous a pas vus tirer du canon au Manitoba! On était superbes en uniforme.»

Né à East Angus, pensionnaire de 7 à 18 ans au séminaire de Sherbrooke, au collège Brébeuf: «La maison, la famille, j'ai pas connu ça beaucoup. C'est pour moi quelque chose de très lâche. Les parents morts, maintenant avec mes frères et sœurs on ne se voit plus qu'aux enterrements.» Une sœur mariée à un Américain, un frère à Chicago, une sœur mariée à un Japonais et installée à Los Angeles, une petite sœur qui vit avec un anglophone. La langue commune de la famille Bourgault élargie est donc l'anglais, principalement à cause des petits-enfants.

Le précoce leadership: il organise sa première grève à 14 ans au collège. Par cette initiative, tout le monde a été privé de sortie: «On m'a haï.» C'est un élève brillant, il est «très sainte-nitouche» et n'aime que le théâtre. «J'ai fait de la politique par hasard.»

La politique, ferveur et vocation, le «travail sur les vraies choses, le pouvoir, gagner et perdre, l'excitation, mais aussi l'horreur: une telle somme de travail, et mal payé en plus!» Un homme, René Lévesque, un esprit remarquable, parti trop tôt pour prendre du recul et transmettre le fruit de ses réflexions. Bourgault le regrette.

L'homme de colères plus rares maintenant, froides mais affolantes, est sans rancune, tolérant, indulgent: «Je suis logique, mais la vie, elle, ne l'est pas.» Pas religieux, ni mystique, ni enclin à la spiritualité: «Une vie, c'est assez. Je ne suis pas contre la mort.»

Les jeunes, eux, sont toujours merveilleux. Le professeur Bourgault les connaît bien: «Beau, bête, généreux, idiot, c'est ça être jeune. Les 20-25 ans sont un peu ennuyeux. Les 15-17 sont curieux, calmes, sereins, pas enragés, sûrs d'eux-mêmes. L'indépendance du Québec avec eux? Ce n'est pas l'affaire d'une seule génération. C'est une si grande entreprise qu'il faut que tout le monde s'y mette, sinon on n'y arrivera jamais.»

Un regret: «On est un peuple qui ne discute plus.» Il a aimé cela comme un fou; heureusement, ça l'intéresse moins. Il fait davantage de monologues. Pourtant, il regrette la réplique, son esprit aime toujours se colleter, il ne détesterait pas remonter sur son cheval blanc. Mais où sont donc passés les adversaires? «Dès qu'on élève la voix, les jeunes, mes étudiants même, croient qu'on est en colère.»

Son «sentiment maladif de l'injustice» est sa plus grande qualité, à fleur de peau. Il voit un chien attaché, ça le rend fou. «On pourrait me garantir que dans 20 ans il n'y aura plus de pauvres au Québec, j'abandonne l'idée de l'indépendance. Mais si on

14

combat l'injustice toute sa vie, on n'a pas grand chance d'arriver au bout.»

Sensible aux appels au secours, «l'étincelle de redonner le goût de vivre», générosité, prodigalité même, pédagogie, responsabilité, des éléments d'une paternité sublimée. Il refuse les rôles sexuels rigides, se fait l'apôtre là aussi de la liberté mais n'accepte pas les discours indiscutables, qu'il s'agisse de féminisme ou d'autre chose.

«Ce que j'aurais aimé le plus? Être une femme à la maison, élever des enfants, faire le repassage, décorer, faire la cuisine, changer les couches.»

Rire de lui-même, rire des autres: sarcasme et dérision. «En vieillissant, on avoue ses imperfections; ça devient des histoires insensées, c'est à qui serait le plus malade, le plus gros.» Il écrit actuellement un livre de maximes, où on va découvrir qui il est: «C'est très misanthrope.»

Ne pas tromper, dire les choses de manière à ne pas blesser, nuancer. Imposer le respect. «Je n'ai jamais été hué une seule fois dans ma vie. Même mes adversaires m'aimaient bien.»

«Je me connais, je me comprends parfaitement, je n'ai ni stress ni nœuds. Si je suis fou, un psychiatre n'y pourrait rien.» L'amour? L'amitié? Le célèbre orateur demande grâce. «Bon là, tu en as assez, je suis fatigué de parler.»

Pierre Bourque

Lundi 27 janvier 1992

Il connaît tout des *alliums*, des primevères et des linaires, et bien d'autres choses encore dont il ne se vante pas.

Il reconnaît et parle de la misère des enfants, leur porte secours à sa façon puisqu'il en a adopté deux.

Il a un peu du chêne, droit et fier, psychologiquement du roseau, «je plie et ne romps pas».

Ce trait de caractère ajouté à un fond de taoïsme lui a appris la sérénité quoi qu'il arrive.

La voix est calme, profonde. Une grande économie de gestes, une présence imposante malgré tout. Tout ce qu'il dit est façonné de solidité et de tendresse. Pierre Bourque a bien d'autres forces et jardins secrets qui le nourrissent et l'animent. Il faut prendre le temps de le découvrir. De l'écouter. Déjà on a vu, dans la tourmente qu'il a traversée, de quel bois il est fait. Le haut fonctionnaire municipal a cherché avant tout à convaincre, à faire partager son idéal et sa vision tout entiers dévoués à l'homme dans la ville, à sa qualité de vie, à son bonheur.

Rassembleur, catalyseur d'énergie et de talents, sa passion de la nature et de l'homme éclate au grand jour dans des projets qui les réunissent tous les deux.

Le Jardin, son jardin

Cette ferveur plonge ses racines aussi loin que dans son enfance. Petit gars de Rosemont, bien ancré dans le béton de sa ville, Pierre Bourque fait la rencontre de la nature et des sciences à deux pas de chez lui. Est-ce un hasard? Il est né près du Jardin botanique dont il dirige la destinée depuis 1969. Le jardin embryonnaire en 1942, l'année de sa naissance, qui commence son véritable développement dans les années cinquante, est son terrain de jeu. Le samedi, il voit les films scientifiques à l'auditorium. Coup de cœur.

Le père a été directeur du service des incendies à Laval, puis entrepreneur en construction. Sa mère est une lettrée, plus intellectuelle. Deuxième d'une famille de huit enfants, tout petit déjà il se penche avec intérêt et ardeur sur tout ce qui bouge, tout ce qui vit et palpite: «L'oncle Ernest, ami de la famille, trappeur, géologue de grande culture, autodidacte, a été mon maître, mon guide. Il m'a tout enseigné sur les poissons, le comportement des loutres et des castors, des plantes comestibles, des rochers et des vents.»

L'enfant est aussi un littéraire, réfléchi, philosophe précoce, et il se laisse séduire par la pensée des Félix Leclerc, Malraux, Rimbaud et influencer par Jean Giono. «Et tous ceux qui ont une pensée nature», précise-t-il.

Adolescent «vert», il collectionne les herbiers dans sa «phobie d'identifier, de connaître, de toucher, de montrer». Et puis, durant les vacances d'été, le journalier Bourque, qu'on surnomme «le prof de français», est vite remarqué au Jardin botanique où il travaille. Le patron M. Dumont écrit en Belgique pour lui permettre d'aller étudier là-bas. Ces quatre années d'Europe le forment dans un domaine où tout est à défricher.

C'est un drame dans la famille de voir partir le jeune homme de 19 ans, mais pour lui, c'est la découverte du monde. Il y a l'horticulture certes, il termine avec un diplôme d'ingénieur, mais c'est aussi la culture, celle des autres, des hommes qu'il côtoie, leur souffrance: «J'ai appris leurs histoires politiques, je me suis même impliqué à les défendre, mais j'ai surtout compris le sens du partage.»

En 1965, grand retour au Québec. Un itinéraire connu: Terre des Hommes et à 23 ans chargé de tout l'aménagement paysager. Et puis le Jardin botanique en 1969. Une vie professionnelle droite comme un sillon. Un enracinement de plus en plus profond dans la vie des siens.

La nature et les hommes

«Les gens sont divisés sur toutes sortes de choses: peine de mort, avortement, politique, mais quand on parle d'embellir son milieu, de planter des arbres, des fleurs, d'humaniser cette ville, on obtient un consensus. Depuis plus de 40 ans, c'est la raison d'être de ce Jardin. Une symbiose s'est créée qu'il est dangereux de vouloir rompre.»

Pierre Bourque connaît le pouvoir pacificateur des plantes: «Quand les hommes sont trop durs, je me réfugie auprès d'elles. Mais je ne peux vivre avec les plantes seules, j'ai besoin des hommes, comme tout le monde. On a besoin d'un certain équilibre, d'une forme d'amour donnée par la nature. Nous traversons des années qui déchantent. On nous a menti en nous annonçant une société de loisirs. Il faut changer de cap, croire à quelque chose. On a tellement de capacités comme peuple! Encore faut-il s'aimer et se comprendre, reconnaître les choses, marcher vers des consensus.»

Le directeur du Jardin botanique a planté des arbres, beaucoup d'arbres sur le terrain de sa propre maison. Deux lui sont plus présents que les autres: un mélèze et un bouleau à feuilles rouges. Le premier est pour son fils, le deuxième pour sa fille, des enfants orphelins venus de l'Équateur transformer sa vie, son avenir. Il montre des photos qui témoignent des étapes de leur croissance.

Comme l'arbre. Il les «sent» grandir. Et dit comme Giono: «Tu t'imagines de tout voir, toi, avec tes pauvres yeux? Tu vois le vent, toi qui es fort? Tu es seulement pas capable de regarder un arbre et de voir autre chose qu'un arbre.»

Pour le scientifique, l'arbre «c'est la vie, la pérennité».

Pour le père, ce sont les enfants.

S'il a du temps, après 12 heures de travail et plus, il réintègre sa maison au bord du fleuve, prend dans le regard un peu de sa couleur, retrouve les sonates de Beethoven, la musique espagnole ou les chansons françaises. Il pêche mais ne chasse plus. Il veut se rattacher aux choses simples de la vie.

Il n'est pas du genre à accumuler les richesses. Encore Giono: «Car la richesse de l'homme est dans son cœur. C'est dans son cœur qu'il est le roi du monde.»

Il veut rester libre. «Je suis comme un oiseau. Difficile à domestiquer, à mettre en cage. Un junco qui voyage beaucoup, qui fait des escapades.»

Ses plus grandes émotions lui sont venues de la nature sauvage. Plus longue à découvrir, plus difficile à atteindre. Une forme de dépassement. «Comment lui rendre hommage? En la respectant. Par l'émotion aussi, comme je l'étais à 15 ans, comme je le suis chaque fois que je vois le printemps redémarrer, que j'entends les trilles dans la forêt.» Il voudrait montrer au monde entier la beauté de notre forêt boréale: «Notre territoire abrite une grande partie de la nature sauvage du monde, de la planète Terre. Allons-nous la perdre?»

Mais on est des urbains. Il faut se rapprocher des autres cultures, s'ouvrir au monde. Le Jardin est un laboratoire de nature et d'hommes. Chacun grandit à son rythme. Pierre Bourque y veille et s'anime.

Il a passé sa vie à étudier et mettre en pratique des moyens d'émouvoir, de conscientiser. Vocation sociale et culturelle, transmission des connaissances, vulgarisation, éducation, en même temps que sciences et technologie; des volets qui participent à une pensée globale sur la vie de la ville, de ses habitants. «Je crois sincèrement que si la ville n'est pas un jardin, s'il n'y a pas dans les quartiers ce reflet de fleurs, d'arbres, de parcs, d'espaces verts, le grand Jardin ne pourra pas survivre. On pourra créer un îlot artificiel de beauté, mais dans une ville qui n'a pas le même reflet, le même esprit, ça va devenir un antagonisme. Le Jardin s'est enraciné dans la ville et ce sont ces racines-là qui lui assurent sa durée.»

Il a déjà tendance à se méfier, craint les magouilles; il prend du temps à accorder sa confiance, on doit l'apprivoiser. La crise qu'il vient de traverser lui a fait voir où sont ses vrais amis: «Ce fut un révélateur.» Très strict, exigeant, il veut avant tout que chacun fasse ses preuves dans son équipe et partage ses valeurs, «celles auxquelles je crois: générosité et dépassement. Pas seulement des discours, c'est trompeur, mais de l'action».

Il est mené par une formidable énergie, un immense optimisme et une pensée profonde. «Il faut être l'aigle qui regarde Montréal de haut, mais aussi la souris plus près du quotidien. Il faut s'attacher aux choses simples mais porteuses d'espoir. Pour les jeunes surtout.»

Pierre Bourque porte en lui la graine et la fleur de cet espoir.

-30-

Edith Butler

Lundi 2 novembre 1992

C omme dans *La Belle au bois dormant*, il faut franchir une forêt touffue de tournesols et autres fleurs géantes avant d'arriver sur le pas de sa porte. Et là, loin d'être endormie, la princesse sort en courant rattraper le chat qui a filé entre ses pattes. Elle le siffle, elle lui fait les yeux doux, le chat cède. La belle princesse, un peu essoufflée, les joues rouges, dit bonjour. Et referme derrière elle la porte majestueuse d'une maison qui l'est tout autant, accrochée au mont Royal.

Edith Butler laisse éclater son rire. Et propose un café fumant, dans lequel elle verse une rasade de sirop d'érable, et parle de ses bêtes: «comme on n'a pas de bébés on se garroche sur les chats», et décrit avec tendresse celui qu'elle «attend» de Cornouaille, à la peau zébrée.

Ouf!

Le sirop d'érable, c'est une habitude: «Je suis venue au monde dans un village où tout est sucreries.» On imagine alors Paquetville au Nouveau-

Brunswick, ses habitants reniflant au printemps les feux de bois sous les marmites chauffées à blanc, «l'arôme qui vire...», l'estomac qui chavire. Avec le diabète en héritage. «Moi, j'en prends juste un tout petit peu, le matin.»

L'énergie pure. Elle vient de «ramasser trois poches de feuilles» et indique du menton la cime de l'arbre: «Là, j'attends qu'il ait fini.» Elle se lamente de ses plants de tomates restés stériles, cette année. Des géraniums qu'elle vient tout juste d'entrer, ces fleurs qu'elle ne pouvait supporter, enfant, mais qu'elle aime passionnément maintenant, car quand elle froisse leurs feuilles, l'odeur lui rappelle sa grand-mère.

Elle trie son courrier, fait ses comptes, manœuvre tous les appareils à boutons avec science, répare les escaliers, les murs, bricole des étagères, meuble sa maison et ses moindres recoins de vie intense. Elle marche le plus souvent possible, écoute les oiseaux et tire ses multiples petits bonheurs d'un quotidien riche.

Elle est façonnée de bois dur et d'agate. Elle est authentique, pétrie de joie de vivre. Timide un peu, prudente. Mais si les souvenirs affluent, elle les laisse venir, comme de grands coups de vagues. Ses mots déboulent, colorés, ils chantent. Elle rit.

La musique au biberon

Cling, cling, cling! Elle a deux ans peut-être. C'est son premier souvenir, sa première musique, sur le bout des pieds, les doigts maladroits, baladeurs, qui touchent le clavier.

Cling, cling, cling! Ce son-là habite désormais sa tête: «Clow! quelque chose s'est passé en moi.» Edith Butler ne fera pas autre chose, avec ses doigts, sa vie, sa ferveur tirant, soufflant, pinçant tout ce qui vibre et chante. Il y a toujours un rythme à faire surgir, une toune à turluter. C'est de famille. C'est génétique, comme son énergie, sa couleur.

Loretta Godin, sa mère, est musicienne. Le piano, au beau milieu de la maison, est un être vivant: on «le touche» à tout moment, sans motif particulier que celui de rassembler, d'animer, de rire. «Des fois, on est en train de faire des tartes, on se lève, on va jouer.»

Le père toujours de bonne humeur, même s'il a le cœur gros, accroche un sourire à ses lèvres pour aider les autres à prendre le jour du bon côté. Ils vivent maintenant à Moncton, entourés de la famille. «À les voir aller! Ils sont collés comme des moineaux! Tout le temps.»

Elle a failli s'appeler Anne, mais elle est née le lendemain, le 27 juillet. «Ma mère a choisi le prénom d'Edith, celui de la sage-femme qui m'a sauvée d'une hémorragie.»

«J'étais l'aînée, mon père me charroyait partout. En arrivant de l'école, j'allais avec lui dans le bois. Ah, que j'aimais ça être avec lui! Il stérait le bois, j'écrivais dans le livre. Il connaissait tout, tout ce qui pousse et tout ce qui grouille. Un jour, on est partis dans le bois toute la famille. Les cinq enfants. Le père a dit: ‹Ils vont couper le gros pin, il faut que vous le voyez debout.› On a mis nos bras autour de l'arbre, on l'a serré, c'était une sorte de cérémonie, il y avait plein d'amour.»

Après le souper, après la vaisselle et le chapelet, «ma mère s'assoit et chante». À six ans Edith joue par oreille violon, banjo, guitare, harmonica. Le be-bop, le folklore traditionnel sont les musiques de ses jeunes années; on peut ajouter le chant grégorien «très près de la complainte» et le plain-chant «belle, belle, belle musique» qu'elle entend à l'église, seul lieu où il se passe quelque chose sur le plan théâtral.

Les débuts

À 15 ans, elle est pensionnaire au collège Notre-Dame-d'Acadie. Elle adore malgré tout ces cinq années passées loin du cocon familial. À l'arrivée, elle a dans ses bagages une guitare offerte par son frère. Pour meubler sa solitude et chasser le spleen: «Tu joues, tu chantes, tu nounes, et puis tout à coup les petites têtes s'approchent, curieuses. Tu joues pour elles, pour te faire des amies. On se rassemblait dans la grande chambre du centre jusqu'à 10 heures du soir.» Angèle Arsenault est arrivée l'année suivante:«On était deux guitares, on s'encourageait.»

C'est à l'occasion d'une soirée culturelle qu'Edith chante pour la première fois devant un public. Trois chansons. Elle doit les chanter en rappel, elle n'en connaît pas d'autres. Plus tard, elle va au collège des garçons, mais cette fois son répertoire prévoit des rappels! Et puis la radio de Moncton, et puis ici et là d'autres invitations, un style qui se cherche et se trouve à travers les chansons traditionnelles. Elle fait cela un peu en dilettante, sans soupçonner le moins du monde l'existence d'un milieu artistique, d'un système.

«En 1963, un professeur de biologie, le Dr Melançon, me fait venir au parloir et m'offre une guitare flambant neuve en me disant: ‹Je sais qu'avec elle tu vas faire carrière, tu me la rembourseras quand tu seras riche.› Ce fut pour moi comme une Rolls Royce, comme une harpe, une beauté, ça a éclaté dans ma tête. Mais je n'ai plus jamais revu ce fameux docteur et j'aimerais bien lui payer ma dette.»

Cette guitare la suit jusqu'en 1969. Cette année-là elle termine ses études en ethnographie traditionnelle à l'université de Moncton et envisage d'entreprendre son doctorat. Mais l'invitation d'aller chanter à Osaka, à l'Exposition universelle, est irrésistible. Elle va rester six mois là-bas. Une période déterminante dans sa vie, sur tous les plans, y compris celui de la spiritualité: «J'aimais les vêpres, les cérémonies du Vendredi saint, Pâques; les sons, l'animation, les sermons enflammés des Pères Blancs, quand j'étais petite. Mais Dieu était en haut et nous autres dans le tiroir du bas. Au Japon, j'ai découvert que Dieu était partout, dans les arbres, les chiens, les fleurs, la nourriture.»

Aujourd'hui encore, elle est plus zen qu'autre chose, aborde la réincarnation comme «la seule façon de comprendre certains de nos comportements, oui le karma, les dons innés. La musique en moi, elle vient d'où?» Mais le doute est toujours possible. Une seule certitude: «Je ne veux pas mourir. J'ai aimé ma vie, si je revenais j'aimerais que ce soit la même chose. Je n'ai jamais connu la peur.» Dans sa famille, on meurt à 100 ans. «Pour moi, c'est ça l'éternité.»

Edith Butler a pensé être une fermière, pas une chanteuse: «Un jardin, des cochons, des poules, un mari. Et 12 enfants!»

«Les enfants, ça c'est un manque. La vie a décidé. Mon rôle est peut-être que les gens soient heureux quand ils viennent m'entendre chanter.»

Elle chuchote. Dans sa tête, autrefois, «c'était large, il y avait de l'espace, là où on voulait aller, on allait», sans doute à cause de la mer à 10 milles au-delà du bois. Aujourd'hui, c'est pareil.

Meublé avec la tendresse des autres, leur bonté qui l'émeut plus que tout, son espace est en elle.

Michel Courtemanche

Lundi 11 janvier 1993

O n connaît son univers sonore et visuel. Ses contorsions. Sa gymnastique. Ses grimaces. On connaît notre rire face à son imagination. On connaît moins sa pudeur. Sa peur. On sait moins, sous le masque, reconnaître l'homme. Et cette découverte entraîne loin.

Michel Courtemanche est en état d'évolution, de révolution, de crise existentielle, de doutes et de contradictions. Pourtant, tout cela est en même temps mêlé de certitudes. Celle de vouloir faire ce métier à tout prix. Celle de faire rire. Celle de réussir.

Il n'y a qu'un seul désir dans sa quête d'absolu: «M'aimez-vous?»

Cela réglé, il est prêt à foncer.

«Faire rire est déjà un bon moyen d'attirer l'attention, d'être aimé. Mais je ne fais pas ce métier pour être regardé dans la rue, ou obtenir des privilèges. Et puis, quand le spectacle est fini, c'est fini. Courtemanche rentre à la maison.»

Vivre avec la gloire. La foule des curieux et des loups. Assurer son équilibre entre la lumière vive des projecteurs et celle tamisée de son intimité. Pris par surprise par le succès, par le temps qui l'a devancé d'une certaine façon, Courtemanche veut être à la fois adulé et respecté. Qu'on y pense et qu'on l'oublie.

En six ans, son succès est phénoménal. Mais en même temps il a vieilli un peu, sans vivre véritablement, sans temps à lui, avec ceux qu'il aime, sans savoir qui il est. Il a gagné une fortune et perdu quelques plumes, entre 2 valises, 12 capitales, des admirateurs de plus en plus nombreux. Pour Courtemanche, cette situation devenait explosive.

Qui suis-je? Qui m'aime? Il pouvait éclater ou sombrer. Il pouvait se perdre. Il a choisi la conscience et la croissance.

Un beau grand jeune homme

Qu'on se le dise, il est beau. Il est réfléchi. Il sait écouter. Il peut être patient, il sait contrôler sa nervosité, sa fébrilité. Il n'est pas banal. Le comique est un grand sensible. Voici de quoi il souffre. La rencontre du *fan* enthousiaste et accaparant qui déclare, méchant: «Bateau, t'es aussi laid qu'à la télé!»

«Que j'ai hâte d'être habitué! Souvent je marche vite, tête baissée.» Angoissé. Fragile. Il se soigne. Sinon la colère est forte. Et la peur qui fait ressurgir de vieux démons: claustrophobie, agoraphobie, peur de lui, de ses réactions, du public. Il peut se mettre en boule dans un coin. Fuir.

Lui aussi il a besoin de rire. Dans l'intimité, il quête des clins d'œil complices, des affections, de l'humour tendre qui illumine sa journée. Sa solitude est indispensable mais contrôlée, entourée. Son havre de paix est en béton, juché à flanc de montagne. Il arrive en BMW rouge, «l'auto de mes rêves», accède par le garage, s'engouffre, disparaît, longe les murs sans rencontrer âme qui vive. Batman. «Je suis un peu bébé.»

Il meuble son espace de gestes, de sons rassurants. En jean et tee-shirt, baskets rouges, il joue de sa guitare électrique rouge. Il reconnaît la contradiction: «Tout ce rouge pour quelqu'un qui veut passer incognito!»

La longue douche du matin déloge les vieilles tensions logées au creux de ses reins. Avec un café brûlant, il émerge. Pour peu que sa blonde soit avec lui, il se prend à rêver d'une petite famille: «Avoir des enfants c'est un choix très dur. Aurais-je le temps de m'en occuper? C'est pas l'envie qui manque.»

Le rêve. Il en consomme. Dramatique, il se laisse parfois entraîner par son imagination: «Ça me joue des tours. Je ressens les émotions que j'imagine. La blessure se crée sans que le mal existe.»

Un écorché vif

Il a voulu devenir chiropraticien comme son père. Puis, missionnaire. Plus tard, chauffeur de *dune-buggy* dans le Sahara.

Né à Montréal le 11 décembre 1964, il est le cadet d'une famille de quatre enfants. «Mes parents se sont dit que ça leur prenait une maison, alors on est partis à Laval. Et moi, je suis parti de Laval dès que j'en ai eu le droit.»

L'enfance sur un volcan. Le petit Courtemanche est privé d'insouciance, de communication. Captif d'un univers familial en état de crise, il ne peut s'échapper. Il ne peut même pas dire sa détresse, car il est très introverti.

Les circonstances le placent sur la défensive, alors pour ne pas avoir peur, pour faire semblant, pour oublier, de 12 à 18 ans: «j'ai pris tout ce qu'il y avait comme drogues». En même temps, à l'école c'est la catastrophe. «J'étais très violent. De la troisième à la sixième année, j'étais le plus grand de l'école, je cassais la gueule à tout le monde. Sans raison, je tapais et tant que ça saignait pas, j'étais pas content! Plus tard dans une autre école, j'ai rencontré mon homme, mon Waterloo. J'ai arrêté là.»

Rebelle, il dessine, écrit, réalise des bandes dessinées qui n'ont pas toujours l'heur de plaire. Il en a fait une sur Jésus notamment, qui a provoqué la colère du professeur. C'est plus fort que lui: «J'avais besoin d'être le meilleur. En sport, en dessin, partout le plus fort, le plus drôle.»

Dans sa famille aussi on est drôles. Pourtant il n'y a pas toujours de quoi rire. Des heures d'abondance aux heures d'horreur. La misère morale, la pauvreté extrême. Il a été marqué par cet incident: «Un jour, maman nous dit qu'elle n'a plus d'argent pour la nourriture. Alors, ma sœur et moi on a vidé nos poches et mis nos rares sous sur le comptoir de cuisine. Ma mère nous a regardés et, au lieu de pleurer, elle est partie à rire.»

À 16 ans, il fait une dépression. À 18 ans, il arrête la drogue, grande amplificatrice de son mal de vivre. Une première thérapie et une volonté extraordinaire de s'en sortir avec l'aide de l'un de ses frères: «J'étais heureux de découvrir qu'on peut vivre sans ça.» Il fait du sport et enseigne le ski alpin aux enfants: «La neige me rend fou de joie, je me roule dedans.» Il est animateur au Centre de la Nature à Laval, où il découvre le monde des enfants, leur imaginaire, leur énergie.

D'autres thérapies vont suivre. Il faut du temps pour apprendre. Mais la drogue est tenue loin de la scène, du travail, de la vie de tous les jours. Les démons sont tenus à distance. «L'appel de la scène, c'est déjà de la drogue. Une telle intensité! Et qui finit d'un coup sec. La chute, le vide. Le cerveau encore en effervescence.»

Pour se protéger, il se tient loin «des gens bizarres», s'entoure d'assurances. Il a le goût de s'impliquer, de tendre la main: «J'ai vu des gens tomber dans des abîmes qu'on ne devine pas. Les maladies mentales c'est un univers dans lequel je pourrais aider. Ou la prévention de la drogue, à l'école. J'y crois.»

Comme il croit à Dieu dans les situations critiques. «Mais je crois davantage à ma grand-mère. Elle prie pour moi, ça m'attendrit.» Il a trop vu, de trop près, des délires mystiques pour ne pas être méfiant. Pourtant, dans une église, comme il lui est arrivé d'en visiter, surtout en Europe: «Je ressens le calme. Je sens une présence.»

Il vient de traverser une année sans sourire. La crise était forte. Le grand drôle avait des peines. Mais du courage.

Il aborde de nouveaux rivages. Il rassemble tous les morceaux de son âme écorchée, connaît un peu mieux ce qu'il porte en lui, comprend mieux ce qui arrive, «je renais, je me retrouve», et entreprend de faire filer très loin sa bonne étoile.

Avec, dans son sillage, en cadeau, un énorme éclat de rire.

Yvon Deschamps

Lundi 1ᵉʳ juin 1992

S on monologue est un discours où il ne peut s'empêcher de mordre. À belles dents aussi éclatantes que son rire. «Un trou dans la couche d'ozone? Voyons, c'est pas de la guenille!»

On voudrait bien avoir un Yvon Deschamps dans son salon quand on a des invités! Animé, gigantesque, on ne voit pas le temps passer. Tout ce qu'il dit sérieusement tourne en rires, tout ce qu'il rit est sérieux.

«Pour être en forme il faut faire de l'exercice, pour faire de l'exercice il faut être en forme. Pour reprendre les propos de Red Skelton: je suis porteur à l'enterrement de mes amis joggers, c'est ça qui me tient en forme.»

À 57 ans, les cheveux ont blanchi, mais la silhouette est juvénile. La sensibilité tenue en laisse. Yvon Deschamps vit sur une corde raide, un inconfort constant, passe à côté de l'indifférence: entre la dérision, le drame, la misère, la caricature. Même si elle est en forme de rire, cette façon de vivre est souffrante.

«Le ridicule, tu finis par le trouver. À la limite tout est ridicule et n'a pas de sens. Venir au monde, mourir. Entre les deux tu fais quoi?» Le salut est alors dans une vie personnelle et familiale équilibrée. Mais aussi dans le partage, l'entraide. Pour apprivoiser la vie ordinaire: «Le monde est pas beau, mais il y a du monde qui agit et ne désespère pas. Dans mon cas c'est du sauvetage que les organismes font en m'appelant.»

Il n'aime pas la charité. «Jeter des miettes, je suis pas d'accord. Au Chaînon, j'ai découvert non pas la charité, mais la solidarité. Une madame a des problèmes, une autre l'aide.»

Il est le porte-parole du Chaînon (60e anniversaire cette année) depuis 20 ans. Étonné d'avoir été choisi malgré qu'il soit un homme: «C'est peut-être pour qu'on se sente coupables!» Grand rire Deschamps.

On lui a demandé sa participation au gala du 40e anniversaire du Centre Immaculée-Conception. Rien ne résiste au père de la Sablonnière? «C'est le meilleur. Il fallait ça pour durer 40 ans.»

Pour aller plus loin dans cet état d'esprit, il a mis sur pied la Fondation Yvon Deschamps. «Et qu'on vienne pas me dire que c'est pour sauver de l'impôt! J'ai pas encore découvert où ni comment.»

Et puis, il y a l'Association sportive communautaire du Centre-Sud. Et puis, les handicapés physiques et mentaux. Et puis, tout le reste. Dans une grande vague d'affection, de compassion pour tout ce qui souffre, il dit que toutes les causes sont bonnes.

En même temps, il sensibilise, entraîne et dénonce. «Un gars qui joue au hockey, assez *bum* pour en frapper un autre et le neutraliser, on lui donne 600,000 $ par année. Mais si tu gagnes une médaille olympique, voilà pourtant un bon exemple pour les jeunes, on te donne 600 $ par mois. La championne

44

doit quêter pour continuer à s'entraîner. C'est normal, ça?»

Un peu d'argent ne fait pas de mal, mais: «Un gars qui, pour lancer une balle, fait cinq millions par année. Un autre qui reçoit un million, comme réserviste. Quossé ça? Pis on paye pas des professeurs, on paye pas des chercheurs.»

Un vrai Lion

«Devenir un adulte, oui. Le bout vieux, seul et malade, non. Le seul avantage de vieillir, c'est de pouvoir faire des bêtises sans se faire chicaner par sa mère.»

Il est Lion-Cochon, dit-il sans rire. Né le 31 juillet 1935, en plein cœur de Saint-Henri, comme son père et les autres avant lui. «On est montréalais depuis 1653, on n'est jamais sortis de l'île. La campagne c'est bien beau mais j'aime mieux les ruelles et les rues.» Les voyages? «Je n'aime pas beaucoup ça. Mes parents, eux, voulaient même pas découcher!»

L'enfant Deschamps, le deuxième de trois garçons, est sensible à la qualité de la présence de ce père dessinateur industriel qui a l'esprit et le cœur tournés vers l'avenir, conçoit un ordinateur, raconte la télévision avant l'heure, construit un hi-fi, un téléphone. On est en 1945. De plus, c'est un raconteur. L'imaginaire des enfants est gonflé à bloc. Mais surtout, surtout, pour se détendre il prend ses trois garçons sur ses genoux et les berce!

La mère, une Leduc, est industrieuse et inquiète comme toutes les mères. Elle s'assure que ses gars ne font pas trop de bêtises, car ils en font mais elle ne le sait pas, et bénit le ciel les jours où le vent et les nuages ne transportent pas trop de gouttes de suie sur son linge frais lavé.

Mi-ange, mi-délinquant, le jeune Yvon aurait pu mal tourner. Vols d'autos, par effraction, etc. «On était excités, on avait peur et on voulait s'affirmer.»

Rêvait-il d'être acteur, enfant? «Jamais. Je pensais devenir boulanger ou laitier, à cause des chevaux.» À 12 ans il voudrait être premier ministre, rien de moins. Et puis, médecin. Ses rêves varient mais une seule passion demeure, celle de la musique. Il apprend le piano à six ans.

Mais quel aurait été son destin, si à 17 ans il ne s'était retrouvé messager à la discothèque de Radio-Canada? Le point tournant de sa vie professionnelle.

«Les gens se vouvoyaient. La plupart d'entre eux sortaient du cours classique et parlaient de choses que je ne connaissais pas. Alors pour pas avoir l'air épais j'écoutais, j'allais à la bibliothèque chercher des livres d'auteurs dont je captais les noms au vol. C'est ainsi que j'ai eu le coup de foudre pour Zola entre autres, mais j'ai lu tout le théâtre, les classiques et les modernes. J'ai lu en maudit, les cinq ans que j'ai passés là!»

Judi comme une ancre

«Elle avait 17 ans, la tête dure. Elle dansait. Elle lâche tout. Ma belle-mère à Toronto a dû paniquer!»

C'est surtout le commencement d'une belle histoire d'amour. «Mon doux, ma Judi, ça fait 25 ans!»

Elle avait dit: «Je veux trois enfants, à un certain âge, avec des délais entre chacun.» 1967, l'année de leur rencontre. «Ça allait mal! Je venais de faire une faillite personnelle. On a dormi sur un grabat, chez des amis aussi pauvres quasiment. La misère! Mais c'était l'amour!»

Trois filles de 14, 12 et 5 ans, aujourd'hui. Judi a bien fait les choses. «La paternité est venue tard dans ma vie. C'est bien. À 40 ans, on contrôle mieux son environnement. J'en profite aujourd'hui, je prends mon temps. Et puis, on va leur traîner dans la face moins longtemps, on va débarrasser la place plus vite.» Boutade. «Les filles sont sûres que je vais vivre jusqu'à 100 ans.»

Judi encore. Point d'ancrage. «Elle croit en la force des petits gestes, pour l'environnement par exemple. C'est vrai que pour changer le monde il faut se changer soi-même.»

S'il ne bricole pas, «Judi est bonne là-dedans», s'il ne cuisine que l'ordinaire, Deschamps lave et repasse, mais surtout: «Tu peux me dropper un bébé dans les bras je sais quoi faire avec.»

Entre deux changements de couches, il lui fera entendre des chansons québécoises ou américaines, ou un petit Mozart selon l'humeur du moment. Il va peut-être lui parler d'Albert Schweitzer, du cardinal Léger ou de l'abbé Pierre. «Des gens qui se donnent, qui vivent en conformité avec ce qu'ils prêchent.»

Et lui tiendra un monologue éloquent sur l'amour: «Être en amour c'est être malade. Tu passes tes grandes journées couché. C'est merveilleux. Mais l'autre n'a pas d'importance. Tandis qu'aimer c'est autre chose. C'est se donner, c'est accepter l'autre. Dans ces conditions, il n'y a jamais de raison de partir.»

Alors Deschamps, modeste, relativise son travail «qui n'en est pas un quand on a la passion», relativise les biens matériels «donne ça, on n'en a pas besoin autant, me dit Judi», et dirait à l'enfant: «L'important c'est qu'on ait besoin de moi. Ma famille, le Chaînon. Faire comme nos parents: servir, aider.»

«S'il n'y en a pas pour tout le monde, je ne veux pas être celui qui en a. Je ne veux pas être celui qui va vivre un mois de plus dans son abri, après une attaque nucléaire. Je fais partie de la *gang*. Je ne veux pas m'en éloigner.»

Diane Dufresne

Dimanche 13 octobre 1991

« C' est pas plus facile qu'avant. On dirait que je ne me souviens plus de mes acquis. C'est toujours la première fois quand je monte sur scène.»

On croit que Diane Dufresne n'a peur de rien, et la voilà soudain inquiète. Elle prépare ses spectacles de longue date, aiguise sa voix, fourbit ses armes. L'environnement, l'écologie sont des problèmes qui l'alimentent, l'inspirent. La guerrière retrouve la scène pour signifier l'urgence de la situation d'une terre en péril, parler aux vrais décideurs.

«Je ne veux pas faire la leçon à personne. Mais aie! on est en train de crever, le monde!»

Elle n'a pas claqué la porte, n'a même pas fait de véritable colère, quand on l'a mêlée aux coûts de son dernier spectacle à Montréal. Mais dans le cœur de la diva, sensible comme pas une aux égratignures, un fort sentiment d'injustice a laissé un goût amer:

«La mauvaise information, la tentative de monter le public contre moi, c'est ce que je n'accepte pas. Il faut les laisser tranquilles les gens! Imaginez si on fait ça sur le plan politique!»

L'amas d'ondes négatives, l'invisible, ont de curieux effets sur elle. «C'est douloureux. Mais je me provoque et j'y vais.» Fonce.

Se sentir écorché c'est une chose, mais l'animal sait qu'il doit chanter. Le sens des responsabilités.

«Il vaut mieux faire des *shows* que faire des bombes. Il faudrait arrêter les chicanes. On pourra pas survivre, libres, indépendants, si on ne se prend pas en main.» Et dans un grand éclat de rire elle suggère de «manger les Anglais d'abord, au lieu de se bouffer entre nous. On est si peu nombreux!»

Diane Dufresne a revêtu son costume de *star*: un chapeau en tuyau de poêle acheté à Paris, un tailleur rigoureux de Jean-Paul Gaultier. Des petites bottines noires lacées sur des jambes menues, elles aussi noires. Seuls éclats de couleurs, des fleurs de satin aux gants, des boucles d'oreilles bronze. L'ensemble révèle un caractère androgyne, pudique aussi puisque le corps est bien enfermé. Après un certain temps d'observation, confiante, elle sait qu'elle peut retirer les gants, le chapeau, et plus loin, dans un geste charmant et d'abandon, libérer ses cheveux d'un lourd élastique. Et parler, parler, comme elle chante, avec force gestes, les mains balayant l'espace, assise sur le bout de sa chaise, animée et les joues roses, le regard bleu dense qui raconte aussi combien le ciel est important, «plus grand, plus vif ici qu'à Paris».

«Le geste le plus simple et le plus grandiose qu'un être humain puisse faire est de regarder là d'où il vient, les étoiles.»

Depuis cinq ans, ses lectures et ses rencontres, ses amis scientifiques lui ont appris des choses, à voir, à penser différemment. «J'ai consulté une femme spécialiste en médecine de l'énergie. Elle m'a dit qu'elle m'attendait depuis 14 millions d'années. J'ai pensé: Oups! j'ai rencontré plus folle que moi!»

«Mais les scientifiques sont des grands fous, affirme-t-elle. Ils sont comme les poètes, l'inspiration leur fait trouver des choses. Et la mémoire. On est très vieux, moi je suis une vieille Celte, j'ai des ancêtres bretons.»

Entre Hubert Reeves, Cousteau et bien d'autres dont elle épouse le langage et les rêves, le sens de sa vie lui apparaît plus clair désormais: chanter est une mission véritable. Et jeter ainsi un peu de poudre d'espoir dans ce monde perdu.

«Dieu revient, il est là. Les scientifiques sont pris avec. Ils trouvaient des choses avant, c'est pour cela qu'ils l'avaient éliminé, maintenant, plus ils cherchent plus ils sont *fuckés*», dit celle qui aurait aimé être médecin, peut-être. Mais la chanson était déjà au cœur de ses rêves d'enfant.

Et l'enfance, c'est l'espoir. «Les adolescents, eux, en ont déjà très lourd à porter.» Elle n'a pas été mère, mais les enfants seront là demain dans son spectacle, omniprésents même, car «il faut leur laisser une terre où ils vont pouvoir vivre!» Et puis c'est sur scène que son sentiment maternel s'exerce. «Avec le public, c'est une sorte d'instinct, d'amour inconditionnel, même si je me choque. Comme une mère.»

Ses trois anges passent, «des entités près de nous», des accompagnateurs invisibles qu'elle prie tous les matins. Des *rockers*.

Chanter la mort, inventer, créer. Elle s'engage vaillamment dans l'écriture sur des sujets tabous: «Il faut les exorciser, ces sujets difficiles, les démystifier. Ça peut devenir un baume et ça se partage. Et si ça se chante, c'est déjà moins grave.»

«On a peur de tout. Le syndrome de la peur. On meurt de sida, on meurt d'amour. Quand on commence à parler, déjà ça fait peur. Pourtant on regarde la guerre en mangeant; c'est de la pornographie, ça. Je veux écrire là-dessus, sur l'écologie, sur l'argent. Sur le pouvoir. Mais la seule politique valable est celle de Gandhi.»

La passion, une fois de plus.

«Les anges disent que la seule chose que Dieu ne pardonne pas c'est le manque de passion.» Alors...

Elle en avait à revendre déjà à sept ans quand elle chantait dans les cabanes à sucre *J'ai prié la Madone*, qu'elle se plantait sur scène, avec ses couettes et ses oreillons. «J'étais plus *star* que maintenant.» Son père lui disait: «Quand tu donnes aux autres, donne ce que t'as de meilleur.»

Elle donnait sa plus belle poupée, ses plus beaux jouets. Elle est devenue sauvage pour ne pas avoir à toujours tout donner. «Aujourd'hui je suis aussi solitaire que lorsque je m'enfermais enfant, avec mes poupées en carton, mes découpages. Je préparais déjà des spectacles.»

Exaltée. Le couvent Hochelaga, celui qu'elle a fréquenté, démoli depuis, a été témoin de son rêve: «Je voulais devenir religieuse. À cause du costume! Puis quand le cardinal a commencé à parler des lépreux, il a fallu me calmer, je voulais y aller.»

À 48 ans, une folle envie de vivre comme tout le monde, une vie de quartier, la liberté d'aller et de venir sans se soucier de son image, confortable et heureuse. Une diva vivante mais tranquille, sans maquillage. «Je suis plus en paix à Paris. Ça sent pas bon, mais il y a Notre-Dame, le soleil couchant sur la Seine, la Conciergerie. La beauté donne de l'énergie. Dieu sait que j'aime le Québec! Mais c'est lourd, même là, j'étais venue pour rester au moins un an, je me dis que je vais m'en aller.»

«Mais ce qui me manque le plus lorsque je suis longtemps absente: marcher dans les bois, humer l'odeur des sapins après la pluie.»

Entre son énorme besoin d'espace, d'être étonnée, son piano, ses livres, ses costumes qui l'inspirent et lui tiennent compagnie, que ce soit à Paris ou à Montréal, elle a une vie disciplinée. Beaucoup de gymnastique pour garder la forme, mais pas de sport. «Si je fais du ski, je me tue.» Elle a un problème d'yeux; une distorsion de cornée l'empêche de voir en trois dimensions. Et elle refuse évidemment de porter des lunettes.

Un jour, elle aimerait livrer sa voix sans l'artifice du costume: «Juste un smoking. Et bonsoir.» Mais il y a le plaisir de travailler avec d'autres artistes, et les costumes remplacent parfois des décors trop chers.

À ce moment-ci de sa vie, elle se referme comme une huître. «Mon adolescence m'a échappé, ma vieillesse est à moi. Ça ne me dérange pas de vieillir, mais je veux vivre en paix.»

Et puis, elle a pris des habitudes d'antistar, d'intimité et de douceur de vivre et n'y renonce pas: des pantoufles douillettes, son oreiller, sa façon de dormir, sa crème pour son eczéma, son jus de citron, ses petites bouffes, ses brassées de lavage la nuit, sa liberté, une intimité qu'elle n'a pas envie de partager.

Descendre jusqu'au fond de la vie ordinaire. Et puis au hasard d'une commande, «il faut bien gagner sa vie, il n'y a pas de honte à ça», d'un besoin de dire des choses, ramasser ses forces, faire un bond vers les étoiles et s'y accrocher de tout son cœur.

Pour faire rêver.

Charles Dutoit

Lundi 8 février 1993

Pour le comprendre, l'aborder, on doit l'apprivoiser. Découvrir qui il est au-delà des éclats et de l'*agitato*. Accepter d'être mis à l'épreuve. Résister. Cela demande du temps. Animé, volubile, déconcertant d'énergie, bousculant parfois; la vie au quotidien de Charles Dutoit est un tempo *forte*.

Et remplie de surprises. «Aimez-vous les spaghettis? Si vous n'aimez pas la bouffe, je ne peux parler avec vous. Si vous n'avez pas un certain pourcentage d'hédonisme, d'épicurisme, je ne vous parle pas.»

Il rit. Renverse la tête, replace ses verres fumés sur son nez, plisse les yeux pour mesurer son effet. Vérifie si son interlocuteur tient le coup ou s'il n'a pas choisi plutôt la retraite. Il dirige aussi la conversation. Il connaît la force des mots et se méfie.

«La magie des choses? Mais on peut en parler toute une journée! Ah oui! Les moments suspendus... Les mystères? La perfection inexplicable de certaines musiques, hum... Et qu'entendez-vous par romantisme? On ne peut pas parler de choses aussi fondamentales sans se livrer. Et comment le faire si rapidement?»

Il vit, corps et âme, sur bien des temps, *allegro*, *andante* et même *crescendo*. Du travail à sa vie, l'osmose s'établit: de longues et fines jambes à la démarche légèrement syncopée, le pied bat la mesure, les bras s'agitent, le doigt pointe, la main réclame le son, le ramène à lui, le renvoie. Hors du concert, il garde le *tempo*. Il se lève, va et vient, s'exclame haut et fort, se laisse tomber dans le premier fauteuil, frotte son menton, sa joue, son oreille, se racle la gorge, s'esclaffe. Il est de nerfs et d'acier.

La passion pure

Pour diriger, il a besoin d'un habit de concert nouveau tous les six mois! Il en a sept ou huit en réserve. Ce matin-là, en costume de ville élégant et sobre, il a choisi la cravate coordonnée à la paire de chaussettes. «Ce choix prend cinq secondes, ce n'est pas de la coquetterie. Mais si le souci esthétique fait partie de sa vie, si on est entouré d'art, il faut l'être aussi du bon goût, n'est-il pas vrai?»

Et au cœur de cette image de maestro flamboyant, quelquefois emporté et grandiloquent, la voix parfois se casse, le calme revient pour expliquer sa pensée, peaufiner sa réponse. Il peut sourciller, ironiser même, il peut être cinglant. Mais un éclat de rire sonore ramène la tendresse à sa voix.

Compétence, organisation. Les deux pôles de sa réussite. Si on ajoute sa boulimie de vie, de connaître, de comprendre, de partager, de redonner, on a une partie du secret de sa vérité. À 55 ans, «j'ai atteint une vitesse de croisière». Au sommet de sa forme, plus énergique, plus serein qu'il n'a jamais été, il saisit sur le vif ce qui bouge et palpite. Un projet de concert, un voyage avec sa fille, un nouvel appartement à Paris; mais dans l'ordre des plaisirs, une nouvelle œuvre à explorer, à faire connaître. Et liée à ce plaisir, la rigueur. «Il n'y a pas de plus grand plaisir que de passer par la rigueur: intellectuelle et physique. Dans tout ce que l'on fait la rigueur est indispensable sinon nous ne sommes qu'une coque de noix sur l'océan.»

Pour compenser et adoucir, il y a l'art de vivre que Charles Dutoit a appris à cultiver. Le maestro connaît désormais ses besoins et ses limites: «La qualité de vie que j'exige correspond à la qualité que l'on attend de mon travail.»

Content, conscient. Sans fausse modestie. Il apprécie la reconnaissance et l'affection, mais n'est pas amateur de cocardes ni de médailles. Se maintenir au sommet, assumer un *leadership* est une démarche naturelle: «Je n'ai pas d'attirance pour le *mezzo forte*. On ne peut pas être en-deçà des choses. Je suis conscient de ma responsabilité, certes, mais ce qui m'intéresse c'est aussi l'écho qui est en moi; la satisfaction, le développement du message, de ce que je peux apporter. Beaucoup de facteurs me tirent en avant. Si on ne prend pas de risques on ne fait rien.»

L'orchestre symphonique est un microcosme de la société: des individus à la vie, au passé, à la culture diversifiés, avec lesquels le chef doit composer. Éclairage sur une œuvre, directives, décisions: le chef se fait bien comprendre dans l'une ou l'autre des cinq langues officielles du monde. «J'apprends aussi le japonais pour faire face à mon prochain travail.» Attentif aux sons, aux états d'âme. Parfois psychologue, il écoute et sait réanimer. Parfois, en vrai chef, il tranche.

Il voudrait bien déjouer les prétentieux, les arrogants, la foutaise et «les sacripants» toutes catégories qui nuisent à la musique par snobisme. Il est sensible à la tendresse de l'auditeur pur plus sensible à une œuvre qu'à une autre mais qui garde l'esprit et le cœur ouverts. Car: «La musique donne la transcendance des choses. Elle permet de s'approcher du sacré, de satisfaire un besoin d'élévation.»

Enfance européenne

L'amour est une force créatrice, il en convient. En 1982, il a épousé Marie-Josée Drouin. Ses deux mariages précédents lui ont donné deux enfants qu'il adore. Il est un père attentif: «La famille est importante mais pas dans le sens étroit du terme, pas gnangnan. Je ne suis pas du genre déjeuner le dimanche et week-end à la campagne.» Ses enfants lui donnent des joies multiples: Ivan, l'aîné qui est marié, lui offre une petite-fille. Avec sa fille, Anne-Catherine, il est complice de voyages, dont celui qui a laissé peut-être le plus de traces: les églises de Bavière, la maison de Mozart à Salzbourg, et Dachau.

Il adore Montréal: «les Québécois sont les plus gentils». Mais c'est en Suisse, dans une vieille ferme de 1732, qu'il a sa résidence principale, près de Lausanne où il est né et où ses parents ont vécu. Un port d'attache sentimental où sont réunis les trésors précieux des premières années de sa vie. Il conserve encore, dans sa voiture en Suisse, un tout petit et premier soulier de sa fille en guise de fétiche.

Jeune, il préfère, à l'humanisme, aux arts et aux langues, les mathématiques, les sciences exactes. Son père souhaite qu'il devienne ingénieur. Personne n'est musicien dans la famille à part sa mère qui chante dans une chorale. Le contact musical a lieu à l'école par l'apprentissage du solfège, les cours de chant. «Mon père trouvait que les instruments, ça faisait trop de bruit!» Il entre au conservatoire tout de même et apprend le violon. «Mes premières passions musicales étaient purement émotionnelles. L'approche intellectuelle est venue plus tard.»

Le dimanche, il écoute des disques avec ses amis et développe la passion de suivre les partitions. Un film va compléter le bouleversement et changer sa vie: *Prélude à la gloire.*

La musique ressemble à la vie. C'est la nourriture poétique quotidienne de Charles Dutoit, qu'il tente d'approcher avec la plus grande rigueur possible. S'il aime bien se plonger dans l'étude des mythes de l'homme, s'émouvoir encore devant *Vue de Delft* du peintre Vermeer à La Haye, il acquiert cette conscience:

«On croit trouver les clefs en vieillissant, on s'aperçoit qu'on en sait de moins en moins. On mesure mieux la distance et le vide entre ce que l'on sait et ce que l'on voudrait savoir.»

Charles Dutoit ne cessera donc jamais de tendre l'oreille.

-30-

Sylvie
Fréchette

Lundi 21 octobre 1991

Beethoven remplit l'air. Comme celles d'une danseuse aux pieds nus, ses jambes pointent hors de l'onde et font des entrechats sur le rythme de la musique.

Et disparaissent.

Le corps tout entier fend l'eau, s'allonge jusqu'au bout de lui-même, des pieds, des doigts en gestes saccadés, la main éclabousse et une pluie d'étoiles jaillit.

Les épaules et le visage émergent, on dirait qu'ils flottent en état d'apesanteur. Le jeune dauphin reprend son souffle.

«Pense à tes épaules, la grande. Dis donc, tu es restée 41 secondes sous l'eau!»

«Je comprends pourquoi je trouvais ça long!»

Pourquoi tout à coup le noir. Car les muscles tendus, les mouvements rythmés accaparent tout l'oxygène. Dans cet état de conscience altérée, les gestes sont exécutés automatiquement, la technique vole au secours du corps.

Sylvie Fréchette va recommencer quatre, cinq fois un exercice difficile, douloureux, où elle-même connaît la peur. Mais elle la dompte cette peur, l'apprivoise.

Et quand elle revient au bord de la piscine, c'est pour quêter de son regard bleu, docile et modeste toutes les remarques positives ou négatives que son entraîneuse va lui faire.

Le parfait contrôle, voilà l'objectif. «Tout se passe entre les deux oreilles, la concentration est primordiale», explique-t-elle. La championne du monde en nage synchronisée s'entraînait six heures par jour: musculation, piscine, en prévision des Jeux olympiques.

L'espoir de gagner était au cœur de l'immense détermination chez cette jeune femme de 24 ans. Elle savait, elle sait qu'elle doit aller très loin.

Elle est allée très loin.

Un caractère de «diabolo». Elle a tout sacrifié cette année: travail, études, au profit de l'entraînement. «C'est mon année la plus dangereuse», confiait Sylvie. Barcelone! Et une médaille pour couronner 17 années d'efforts.

Désormais, la vie ordinaire peut reprendre son cours.

Elle a rangé la médaille au fond d'un tiroir, sans doute, comme tous les trophées qu'elle donne à sa mère car elle ne nage pas par esprit de compétition mais pour aller au bout d'elle-même. Gagner lui a permis de mettre son énergie à découvrir les autres aspects de la vie.

La perte de Sylvain Lake son ami, l'étrange imbroglio sur la médaille d'or à Barcelone, tout cela en peu de temps. Elle doit désormais panser ses blessures, trouver en elle ses forces vives, penser au bonheur.

Un talent naturel

Née à Montréal, dans le quartier Rosemont, le 27 juin 1967. Elle a trois ans lorsque son père meurt dans un accident d'auto; son frère a trois mois à peine. «J'ai eu une enfance heureuse. Ma mère a été très courageuse. On allait souvent dans les Laurentides, au bord d'un lac où mes grands-parents avaient une maison. On était dans l'eau tout le temps. C'est là que j'ai commencé à barboter. Mais pour notre sécurité, ma mère voulait qu'on sache nager et nous a inscrits à des cours, au Bain Rosemont.»

Sylvie a sept ans lorsque la Ville de Montréal recrute des jeunes nageuses pour un spectacle de nage synchronisée. «J'étais fascinée par le fait qu'on puisse avoir les deux bras et le torse hors de l'eau sans caler.» Sa première figure: un bout d'étoile et une culbute par en arrière.

C'est le début de l'aventure avec son entraîneuse Julie Sauvé qui va l'accompagner jusqu'à ce jour et lui permettre de révéler un talent naturel, certes, mais développé par beaucoup de travail. «Je n'avais aucune grâce», avoue Sylvie. Pour réussir dans un sport qui en réclame beaucoup, il a fallu «casser» ce corps fort et dur, permettre à l'adolescente de sortir de son cocon et de déployer ses ailes en douceur. D'exprimer ses émotions.

À force de travail, dans le sport comme à l'école, elle a toujours très bien réussi, une partie de son enfance lui a échappé. Cette grande fille d'aujourd'hui, saine, équilibrée, qui a rêvé d'être médecin, conserve une impressionnante collection de toutous en peluche, koala, ourson, lion, Garfield, Panthère Rose, qui jonchent le sol de sa chambre. Mais au-delà de ce fétichisme, elle garde dans le regard et dans le rire une pureté et une tendresse qui n'appartiennent qu'aux enfants. Et qui font son charme. Elle saute de joie, elle exprime spontanément son plaisir et reste toujours attentive, étonnamment présente aux autres en dépit de ses préoccupations.

À la côtoyer, on découvre sa force qui vient de plus loin qu'un corps musclé.

La vie aquatique la passionne: les dauphins, la faune, la flore. Et rêver au bord de la rivière, de la mer. Curieusement, elle a peur de plonger du haut d'un tremplin, cette espèce de vertige des moments d'éternité entre ciel et eau la remplit d'angoisse.

Sur terre, Sylvie Fréchette, timide, réservée, est une liane ou une longue plante aquatique déracinée, dépaysée. À l'attention ou à la marche, elle semble chercher constamment un point d'appui, les longs pieds fins font vaciller légèrement la silhouette; il y a comme une certaine maladresse, déconcertante, attendrissante pour une athlète, le corps est contracté, il tangue.

«C'est dur, la terre.»

La sirène n'est bien que dans l'eau. Pour chasser les mauvais esprits, le mauvais œil (en période de stress, elle rêve qu'elle se noie), elle se chante intérieurement des musiques. «Rester la meilleure, aller au bout de soi, c'est une chose, mais le plaisir de créer, de trouver de nouvelles figures, d'inventer, c'est autre chose et c'est ce qui m'attire dans cette discipline sportive.»

Les victoires ne la changent pas. «La gloire, pour moi, ce n'est pas la médaille d'or, c'est d'avoir atteint mon but. Je ne suis pas fière des victoires faciles. Si je nage bien, tant mieux, je peux garder la tête droite. Être la première ou la vingtième, si on a donné tout ce qu'on a à donner, c'est ça qui est important.»

Agnès Grossmann

Lundi 16 mars 1992

O n l'imagine duchesse à Vienne, sa robe de bal froufroutant à chacun de ses pas, mondaine. Agnès Grossmann est une femme d'aujourd'hui, travailleuse, pragmatique, résolue.

Elle est blonde, éthérée, on la croit fragile comme une porcelaine de Chine. Il faut transcender les apparences. Agnès Grossmann est un roc.

Elle a brisé les miroirs classiques, substitué l'image du vieux chef d'orchestre un peu fou, hirsute et gesticulant à celle d'une autorité musicale disciplinée, rigoureuse mais gracieuse. Civilisée.

Douce, le regard pourtant malicieux, un rire cristallin et enfantin ponctué de «Ja! Ja!» qui sonnent ronds et durs. Elle est multiple et inattendue. Ses mains aux longs doigts fins, aux mouvements contrôlés, sont celles d'une femme maniant mieux, c'est évident, la baguette que la serpillière.

Chef depuis 1986 de l'Orchestre métropolitain, elle est née à Vienne dans un univers sonore, mais feutré, le 24 avril 1944. Une fée penchée sur son berceau lui a fait don de la musique. Satisfaite du résultat, sans doute, elle lui a aussi laissé sa baguette!

Car du plus loin qu'elle se souvienne, Agnès Grossmann passait des heures sous le piano que sa grand-mère animait, petit chat ronronnant en boule et en extase. «Le rêve! Être là à écouter les sons! Les enfants sont plus près de la musique que bien des adultes.»

Cela se passe à Vienne dans une maison dont les murs de 250 ans se souviennent que Schubert vivait en ce temps-là et où le jardin est immense et bien entretenu; sa mère y vit toujours. Une photo d'elle enfant au piano nous révèle une petite fille grave, enfermée dans sa musique. Une autre nous la montre avec son frère de deux ans son cadet; des angelots de Botticelli. Elle aime l'enfance et la sienne était remplie d'affections.

Elle a un ton de voix chaleureux. Elle a aussi appris à chanter et dirige des chorales, on le sait. Son père, Ferdinand Grossmann, était professeur de chant, maître de chœurs de grandes chorales, directeur des Petits chanteurs de Vienne. Il a eu six enfants d'un premier mariage. La mère d'Agnès, deuxième épouse de Ferdinand, est une chanteuse elle aussi, bien qu'elle renonce à sa carrière pour s'occuper des enfants. La maison familiale résonne de la musique reine. Les parents chantent, les élèves aussi, et jouent du piano; le frère cadet, l'amour d'Agnès, est violoncelliste. «Mon père a commencé à m'apprendre le piano vers trois ans et demi. On a découvert que mon oreille était absolue et que ce que j'entendais je pouvais le jouer tout de suite au piano.»

Comment échapper à l'envoûtement quand on sait que Haydn, Mozart, Beethoven hantent toujours Vienne? Ainsi que le bon vieux monsieur Brahms, ce tendre ami de Clara Schumann, «un être merveilleux», et bien sûr Bruckner, Mahler et tous les autres.

Elle est protestante, mais a fréquenté des écoles catholiques. «Ça n'a pas eu d'importance», assure-t-elle.

La vie des Grossmann s'inscrit dans un continuum musical.

C'est la seule chose qui compte.

Un destin transformé

Munie d'une bourse du gouvernement autrichien, elle va, à 17 ans, suivre des cours de musique à Paris. Deux ans plus tard, elle revient à Vienne et commence une série de concerts. Elle prend deux décisions graves: celle de se consacrer au piano et celle de ne pas se marier pour ne pas imposer son choix de refuser la maternité. «Un choix convaincu. Car je suis certaine encore aujourd'hui que ce n'est pas possible d'avoir des enfants et de travailler en même temps. Les pauvres enfants souffrent et ils traînent cette douleur toute leur vie. De plus, on ne sait pas combien de temps dure une vie d'artiste et l'art remplit toute notre vie.» Elle a tout de même épousé Raffi Armenian, qu'elle connaît depuis son adolescence en Autriche, et ils se consacrent tous deux à leur carrière de chef.

Mais la carrière de pianiste de concert d'Agnès est subitement et irrémédiablement arrêtée, au début des années 70. Sur le tendon du majeur si important, se développe un nœud, un nodule, qui entrave et modifie complètement la dynamique et la technique de la main. On opère à Vienne. Entre l'espoir, des résultats positfs temporaires, des traitements d'acupuncture, tout a été tenté, mais en vain. «Sans musique, je ne pouvais pas vivre.» Alors, elle retourne à Vienne à l'Académie de musique et entreprend le b-a, ba de chef de chœur et de chef d'orchestre. «Ce n'est pas facile une femme, à Vienne. Heureusement, les musiciens me connaissent déjà comme soliste. Donc me respectent.» C'est une dure épreuve pour l'ego aussi car la musicienne de haut niveau devient un chef débutant. «Il m'a fallu un an et demi. Et un beau jour, avec la *symphonie Inachevée* de Schubert, le professeur a dit que j'avais trouvé mon langage. Le bâton et la main avaient trouvé le contact.»

Être en contact avec le son. «Je crois beaucoup qu'on a des sources et des forces qu'on ne développe pas assez.» Elle expérimente, chaque fois un peu plus, sa capacité «de tirer vers soi, de rejeter, de transmettre le son loin dans la salle». Elle sait en allongeant le bras, la main, le doigt: «malgré la distance être en contact avec les timbales, par exemple, à la seconde près». Elle reconnaît des «forces invisibles comme une aura qui a beaucoup de puissance». Et le public, selon sa façon d'écouter, de recevoir la musique, transmet aussi de l'énergie et «peut nous donner des ailes».

Citoyenne du monde, «la musique est universelle», Agnès Grossmann aime marcher dans les bois, se retrouver seule pour refaire le plein d'énergie, «il y a des choses que l'on peut découvrir seulement dans la solitude», et écouter chanter les oiseaux qui ne chantent pas comme ceux d'Autriche.

Si elle avait du temps, elle aurait un jardin de fleurs alpines, minuscules, des gentianes entre autres, des plantes rampantes, croissant entre des cailloux, qu'elle arroserait fidèlement. Elle lirait sur les croyances, la psychologie, le zen bouddhique. Elle nagerait et jouerait au ping-pong plus souvent.

Elle croit à la réincarnation. «L'esprit est éternel. On ne peut pas tout faire dans une seule vie. Ce n'est pas la première fois que je suis ici, j'ai dû faire de la musique avant et j'ai hâte de voir ce qui m'attend.»

Mais en attendant: «L'art de vivre, c'est de bouger les choses en restant fidèle à soi-même.»

Elle se dit flexible, mais ne fait pas de compromis qui trahiraient son «être intérieur». Entière et courageuse, elle sait se battre pour ses convictions, sa vision, car ce chef d'orchestre n'est pas seulement une musicienne, une femme, mais un *leader* qui donne une orientation, une vocation à l'orchestre, lui insuffle une âme.

Alors, on comprend sa passion. «L'intégrité pour moi est primordiale, de même que la sincérité. Je ne pourrais pas rester quelque part forcée de ne plus être fidèle à moi-même. J'ai une responsabilité envers cet être intérieur et ce sera toujours la mesure qui va me dicter ma façon d'agir. S'il y avait trop d'obstacles, politiques ou autres, et que je ne pouvais poursuivre mon idéal, je quitterais.»

La passion qui se renouvelle et que personne ne peut détruire, assure-t-elle. Car la musique, «qui nous rend légers, nous parle de tous les aspects de la vie», l'habite, la tient hors du temps, loin de la vie ordinaire. «Une vie dure, spartiate même. La préparation est une base. La liberté s'obtient ainsi. Après, on peut laisser entrer l'imagination.»

Et la magie opère «comme une étoile qui brille».

Pierre Marc Johnson

Lundi 9 mars 1992

U n homme heureux qui préfère cent fois le rire à la dérision. Des états de service impression- nants. Un homme qui a fait le tour du monde politique, qui a réussi à s'en sortir sans trop de chagrins.

Il est gourmand, il est drôle. Plongé dans son assiette de merveilles széchuannaises, il en explique les subtiles saveurs et les méthodes de cuisson avec force gestes. Sur fond de musique orientale pointue et lancinante, il se délecte de mots et d'images, les sens en éveil. Pierre Marc Johnson est un doux mélange de joie de vivre et de gravité.

Il est raisonneur, réfléchi. Il ne s'aventure pas dans des réponses légères, bien qu'il ne méprise pas le grand éclat de rire pour en alléger le sens.

L'environnement est devenu son cheval de bataille? «Ça c'est sérieux, il n'y a pas matière à rire.» Il a refait, avec ce dossier, ses classes en économie poli- tique. Et ce sont les aspects de recherche, d'ouverture et de progrès qui le passionnent, lui qui a eu si peur, en quittant la politique, d'être enfermé dans une activité «arrêtée, étriquée».

Sa pensée environnementale s'alimente au vocabulaire scientifique. Mais il sait, en bon pédagogue, expliquer les choses clairement: «On consomme trop rapidement et mal les bienfaits que la nature nous a laissés. Nous devons nous préoccuper de deux choses: notre relation avec le tiers monde, notre relation avec nos enfants. On a 10 ans pour leur laisser une maison un peu plus propre.»

Il est résolument optimiste: «L'humanité va essayer de rester en vie. On est certainement plus intéressants que les roches! Je refuse de voir la nature en dehors de l'homme. On a cette qualité extraordinaire de nous réunir, de réfléchir et d'agir sur l'avenir et sur nos valeurs morales par rapport à la nature. Je connais très peu de phoques capables de le faire... Encore moins de morues!»

L'environnement, un nouveau lieu de pouvoir? «C'est incontournable parce qu'on n'a pas le choix. Il faut bouger. Les phénomènes qu'on appréhende sont déjà là. On ne peut pas se permettre des débats qui n'en finissent plus.» Pierre Marc Johnson, candidat «vert»?

«Non, c'est trop monolithique. Et parce que j'aime trop le pouvoir», lance-t-il avec un grand rire, mi-sérieux, mi-moqueur.

Des bleus à l'âme?

Dans le pouvoir, il y a une passion comme il y a eu une peine. La difficulté d'être le fils d'un homme public: un problème vif entre 14 et 18 ans, mais réglé par un effort de sa volonté.

L'enfance est en demi-tons. C'est chaud, c'est fait de soleil; «un collage», précise-t-il. Des images et des émotions qui s'entrecroisent et n'apparaissent que sporadiquement, sur fond de mer et de campagne. «Ma relation avec mon frère aîné Daniel, l'arrivée de mes deux sœurs. Et puis Saint-Pie de Bagot, la procession de la Fête-Dieu (quand j'y pense!», l'assemblée contradictoire debout à Sainte-Rosalie, l'école.»

Il ne traîne pas son enfance comme un boulet. Mais il en a gardé des perceptions précieuses. Des images et des expériences qui transforment sa vision de la femme, notamment. «Je suis issu d'une famille qui, dans les années 50, était plutôt conformiste. La mère attachée aux tâches domestiques, aux enfants. Je n'ai jamais pu tenir pour acquis qu'une femme soit née pour cela. Ma mère lit beaucoup, joue du piano, peint, écrit. Si elle n'avait pas eu tant à faire avec nous, elle aurait eu une vie extraordinaire, elle aurait pu devenir une grande artiste.»

Étudiant au collège Brébeuf dans les années 60, au moment où les filles y sont acceptées, il voit les Québécoises sortir du moule traditionnel, devenir des partenaires de travail. En théâtre, en journalisme étudiant, il les côtoie et les découvre «pas seulement pour aller danser le samedi soir».

Il rencontre sa future femme, Marie-Louise, à la faculté de droit de l'Université de Montréal. À la même époque, il absorbe le vocabulaire et l'idéologie féministes. Bref, il se situe au cœur de changements profonds et endosse totalement la notion d'égalité. Avec tendresse, il reconnaît: «J'ai fait mieux que mon père.»

Les rêves

Il a rêvé être missionnaire en Afrique, pour le don de soi. Il est devenu médecin, après avoir fait son droit. Ici une confidence: «Ce n'est pas la recherche d'immortalité, mais la pratique de la médecine est une façon de faire face à la mort. Tête et mains, énergie, tout est mobilisé. Tout se mesure aussi. On se sent bien, on n'a pas honte de se regarder dans la glace. Et il y a l'immense satisfaction du travail accompli. On n'a pas de reproche à se faire. Il n'y a rien de plus satisfaisant que de rendre les autres heureux. C'est égoïste, car on en tire du réconfort.»

Il s'attendrit devant les enfants, les siens: Marie-Claude, Marc-Olivier, les tout-petits en général. Il aime la musique de Bach, Mozart, Telemann; des voix d'opéra, entre autres: «un aria effrayant! de Pavarotti. Le jazz, bien sûr, et aussi Sinead O'Connor découverte grâce aux enfants». Lorsque l'émotion est forte il hausse le son, s'emplit les oreilles et le cœur. Mais c'est Jacques Brel qui l'enchante. «Imagé, élégiaque, descriptif, puissant. Je pense à lui quelquefois.»

À Paris, il y a 10 jours il a été bouleversé par l'artiste Giacometti. «Que c'est beau! Ah! que c'est beau!» Pour lui-même, l'art est un canal, un exutoire. «Tout le reste est raisonnable, sinon on ne peut pas fonctionner», ajoute-t-il, pensif.

Son monde. Ses racines. Il ne vivrait pas ailleurs qu'ici, même s'il aime voyager, même s'il entend un tintement de clochettes et «pieds nus au plus haut d'un temple en Birmanie, la vue d'une montagne, d'un fleuve, d'une vieille femme sur sa charrette tirée par des bœufs». Une image qui lui donne le sens de la vie et de l'éternité. Mais il y a aussi l'émotion sourde face à un paysage désertique, n'importe où dans le monde, mais peut-être plus au nord de la Manic, dans la pré-toundra québécoise, là où son père, Daniel Johnson, est mort.

L'idée de voyage évoque l'atmosphère des aéroports. Aussi le plaisir nouveau «de marcher seul dans une ville nouvelle», de l'apprivoiser. Il est tiraillé entre le nord et le sud, entre les contrastes de cultures. Il aime l'exubérance et il aime la raison. Le cœur et le corps là, la tête ailleurs. La dualité du Cancer.

Il conserve depuis longtemps au fond de tiroirs secrets des écritures personnelles diverses: éphémérides ou bien analyses politiques, poèmes en anglais! un lyrisme sans autocensure exprimant surtout «des vagues à l'âme».

Cinéphile passionné, il voit aussi des films qui servent d'outils pédagogiques, tel *Exodus*, afin d'expliquer le Moyen-Orient à ses enfants. Le film a une durée de 223 minutes. «Papa, lui dit son fils, je t'ai juste posé une question!» Mais il est ainsi ce père-là, car s'il aime bien chercher il préfère les réponses.

Le Québec: «Pour prétendre faire des changements radicaux sur le plan politique, il faudrait accéder à un niveau d'excellence et de contribution exceptionnelle au progrès de l'humanité.»

La pauvreté: «C'est le véritable problème du Québec et de Montréal. Car ce sont fondamentalement les Québécois francophones qui sont les plus pauvres. Si j'avais une réponse bien claire à ce problème, je serais en politique active.»

Avec près de 70 heures de travail, d'activités, il voudrait encore allonger les semaines. Sans s'inquiéter des risques. «J'aime mieux raccourcir ma vie de quelques années, en me disant que j'ai réussi à faire mon possible, en me disant que la vie c'est comprendre et faire.»

En ayant assuré une véritable union de la tête et du cœur.

Andrée Lachapelle

Lundi 18 novembre 1991

L a robe est rouge. Le jupon, blanc. Andrée Lachapelle saisit le bas de sa robe pour gravir l'un des nombreux escaliers de sa maison. Le geste est d'une telle grâce!

Et son rire éclate, aussi vif que la robe longue et fluide, au-delà de la mode, une vêture à la fois simple et troublante pour l'héroïne incarnée du *Grand Meaulnes*. La taille est menue, la démarche souple: silhouette juvénile et délicate. Une féminité exacerbée, blonde et douce. L'image séduit, doit alimenter l'imaginaire et faire des ravages.

Pourtant, elle a 61 ans.

Comme on a 20 ans. Avec, en plus de l'enthousiasme, la sérénité.

Un peu partout dans sa maison, de beaux bouquets de fleurs témoignent de la fête qu'elle a eue pour son anniversaire. Et la joie d'avoir retrouvé ceux qu'elle aime et qui l'aiment n'est pas encore retombée. Elle s'en alimente.

«J'ai développé une immense tendresse pour la nature humaine, on est tous dans le même bateau. Je ne sais pas juger les gens. Je reste ouverte, j'écoute, je fais confiance. Et non, je n'ai jamais été déçue. C'est peut-être de là que vient tout l'amour que je reçois.»
Elle a un geste large qui englobe l'univers.

Romantique mais pas fleur bleue, elle ne garde pas ses souvenirs sous verre ou entre les pages d'un livre. On ne trouve pas trace de photos témoins de son passé, ni de son présent du reste, aux murs de sa maison. Elle garde en elle-même les plus belles images et tout est prétexte à tendresse, sans pour cela se donner en spectacle. Son décor est forgé de choses vivantes.

Exaltée, oui. À fleur de peau. À fleur d'yeux. Les arts lui donnent des ailes, une sorte de légèreté, elle se sent envoûtée. La musique entre autres la transporte. «Des bouffées, de grandes vagues», explique-t-elle.

Et la mort. Elle y pense tout le temps: «Cela m'aide à vivre.» Elle souhaite réussir sa sortie comme au théâtre, dans une sorte d'apothéose, avec un sentiment de joie profonde: «...sur le *Requiem* de Mozart».

Mais vieillir, qu'est-ce que cela veut dire? «Je n'ai pas le temps», dit-elle en riant. Elle a encore d'autres personnages à aborder, d'autres vies à découvrir: «Dans ce métier on ne connaît pas l'ennui.»

Les personnages qu'elle a incarnés ont, comme les enfants qu'elle a mis au monde, contribué à son éducation, confie-t-elle. Ses enfants sont d'ailleurs sa plus belle réussite: deux filles, un fils, trois petits-enfants alimentent son goût du bonheur. «Je viens de vivre le plus bel été de ma vie. En imaginant, puisque j'étais au bord de la soixantaine, que ce pourrait être le dernier. Un été à la campagne, l'émerveillement perpétuel, le soleil et les conversations, le lac, les jeunes vies près de moi. La conscience du bonheur et la douceur de vivre.»

Ni végétarienne ni gourmande, elle a par tempérament un sens aigu de la modération. On l'imagine soufflant, suant sur la méthode Jane Fonda, buvant chaque matin son jus de carottes, jeûnant et confiant son corps à des experts. Alors qu'elle n'aime que lire, parler, écouter de la musique. Alors qu'elle ne cherche même pas à avoir l'air jeune. Sereine.

Rêveuse. «Je voudrais une grande maison à la campagne, au bord d'un lac ou de la mer. Le lac, c'est mon rêve d'enfance: un quai, un canot. Mais je rêve d'une autre grande maison où je pourrais recevoir les mal aimés. J'aimerais bien m'occuper d'un projet comme celui-là.»

L'argent n'a donc que ce but: servir et rendre heureux.

Équilibrée. Une qualité qui lui vient de sa mère. «Une femme exceptionnelle, fragile mais au caractère très fort. Un modèle de vie.»

Sa mère veuve à 30 ans est enceinte d'un cinquième enfant. Elle se remarie 10 ans plus tard et a 2 autres enfants de ce nouveau mariage. Andrée est la benjamine de cette famille de 7 enfants. Son père commis de taverne tient un petit commerce quelque temps mais pratique ce métier jusqu'à sa retraite. Ses deux parents meurent à 90 ans.

Andrée Lachapelle est née au coin des rues Villeneuve et Coloniale. Elle fréquente les écoles du quartier: Saint-Enfant-Jésus et Saint-Jean-de-la-Croix, et entreprend à Marguerite-Bourgeoys des études en pédagogie.

«La maison est toujours pleine de monde, il y a une véritable ambiance amoureuse dans ma vie à cette époque», raconte-t-elle. Et de l'humour à revendre. «Il règne un véritable climat de fête mais aussi de la dignité, de la fierté, une grande richesse intérieure.»

Son enfance est protégée, douillette et bourrée d'amour. Ses parents la gâtent mais les aînés aussi, Fernande surtout qui est comme une deuxième mère. Elle est très entourée, à l'école les religieuses l'adorent. «J'ai été élevée religieusement bien sûr, mais sans fanatisme. Je suis heureuse d'avoir vécu cette époque-là. J'ai toujours été fascinée par l'ambiance, le décorum des fêtes religieuses.» Cours de diction, d'art dramatique, Andrée Lachapelle joue dans toutes les pièces mises en scène à l'école.

Du plus loin qu'elle se souvienne, elle a toujours lu des poèmes, déclamé, joué. Debout sur la table, sur une chaise, au moment des fêtes, pour toutes les occasions, puisqu'il n'y avait pas de télévision dans son enfance. Elle est une sorte de vedette maison. Elle sait déjà que ce sera sa vie. Son père souhaite qu'elle soit secrétaire, elle pourrait enseigner aussi. Ce qu'il ne lui dit pas, c'est que lui-même nourrit la même passion inassouvie, inavouée. Il a 88 ans lorsque, enfin! il lui fait part de son rêve. Cette révélation va la bouleverser.

Mais a-t-elle toujours été gentille? «J'ai été une véritable peste jusqu'à 16 ans. Une enfant volontaire qui n'acceptait pas les bâtons dans les roues.»

Et puis, elle comprend que ce n'est pas de cette façon qu'elle se fera aimer.

En 1953, elle va à Paris pour la première fois, avec son compagnon Robert Gadouas. Elle est très jeune, elle est très protégée, elle plonge d'un seul coup dans la vie de mère de famille, de compagne, de vie à l'étranger, de petite misère. «La bohême. J'ai fait l'apprentissage de la vie de façon radicale. Je suis sortie de mon cocon brutalement.»

Elle n'est pas ménagère ni cuisinière. «Les hommes de ma vie doivent savoir cuisiner s'ils veulent manger», avoue-t-elle dans un grand éclat de rire.

Retour à Montréal en 1954. Et en 1959, après la grève de Radio-Canada, retour à Paris. Cette fois, elle a trois enfants et toujours pas d'argent.

«C'est quand même le rôle le plus important de ma vie d'avoir eu des enfants.»

L'amour aussi au cœur de sa vie. Avec d'évidents chagrins, des ruptures et des deuils, comme tout le monde. Mais la force intérieure est là pour reprendre chaque fois le quotidien avec courage. Ce qui ne l'empêche pas de s'impliquer socialement: depuis 1989 elle est présidente de la campagne de financement d'Amnistie Internationale.

Et jouer. Retrouver avec passion la scène qui ne rend pourtant personne riche. «On joue trop peu et pas assez longtemps, en général», explique-t-elle. Mais comment échapper à l'attrait d'une nouveau personnage, à faire partager une émotion chaque fois nouvelle? Le théâtre est une alchimie, une magie.

«Dans la vie, il faut apprendre qui on est, qui sont les autres et comment vivre avec eux. La vie est une grâce qui nous grandit. Il y a des moments clés, des trajectoires, c'est grisant et en même temps difficile. L'acteur est vulnérable et timide et quand il aborde un personnage nouveau, qu'il entre dans cet état-là, c'est parfois douloureux.»

«Le public est là, les yeux levés vers nous, rivés sur nous, prêt à partager cette émotion. C'est un rendez-vous d'amour. Les gens viennent chercher quelque chose. On calme des peines, on libère des choses, on dénoue des nœuds. Peut-on changer leur vie? Le personnage le peut. C'est pour cela qu'il faut rester modeste face à ce que l'on fait.»

L'humilité. La comédienne est au poste, à l'heure et docile, lors d'une journée de tournage de la série *Scoop*. Elle n'est pas le moins du monde princesse. Elle travaille.

Et c'est l'équipe, des plus modestes artisans aux plus responsables, qui témoigne avec admiration.

«Oui, c'est une grande dame!»

Phyllis Lambert

Lundi 18 janvier 1993

E lle habite un lieu de lumière, mais austère. Une maison rangée, fonctionnelle, immense. Des tables dans toutes les pièces, jonchées de courrier, de dossiers, de devoirs à faire. Phyllis Lambert n'a pas deux vies, deux décors. Entre maison et bureau, travail et repos, un lien continu, naturel, intime.

Ici et là, des collections inattendues et involontaires: cartes postales ou vieilles autos-jouets, coups de cœur sur la forme et la couleur. Quelques sculptures. Pourvu que l'objet ait une valeur visuelle. Et l'âme des lieux: des milliers de livres et d'albums, images de nature et d'art. Essentiels, puisque tout la nourrit et l'inspire.

Un *agitato* dans cet ensemble serein: sur le parquet brillant résonne le pas lourd et enjoué d'un grand bouvier des Flandres, ce compagnon quotidien, «très *gentleman*», fou d'elle. Phyllis Lambert le lui rend bien avec le geste d'une caresse rapide: «Oui, mon vieux!» C'est un amour plein de réserve, de respect et de grâce.

Obsédée de travail

«Suivre une route, arriver quelque part» est un peu le leitmotiv de cette architecte visionnaire, connue mondialement, directrice et fondatrice du Centre canadien d'architecture, première aux barricades des grandes batailles pour la conservation du patrimoine, engagée pour la sauvegarde de l'hôpital Hôtel-Dieu sur son site actuel.

Jusqu'à son âge d'aujourd'hui, Phyllis Lambert a tout voulu connaître, «on ne sait jamais rien», s'est plongée dans les philosophies, les cultures, a cherché dans la vie quotidienne des petites gens comment construire des édifices qui ne soient pas des monuments à son ego, mais des châteaux modernes palpitants de vie, bien ancrés dans la ville.

«Comment le bâtiment peut avoir une appartenance, comment il s'intègre, son discours avec les autres bâtiments, ses références, ses échanges. Il n'y a pas d'indifférence. Les valeurs universelles de qualité de lumière, de proportions, de structures sont déterminées par le lieu.»

Ainsi, dans la ville, elle écoute. Les signes, les symboles, les êtres. Elle entend d'autres voix que celles qui se font entendre. Il en serait de même dans le désert: elle prendrait d'abord la peine de «le lire».

Rien n'est laissé au hasard. Curieuse, chercheuse, méthodique, logique afin de rendre son propos indiscutable. C'est sa force. Cet exercice la mène à l'essentiel. Futilités et insignifiances ne la regardent pas. Stimulée par le génie des autres, tranportée par le talent de Louis Lortie, admirative devant ceux «qui font pour les autres» et ceux qui ont des obsessions.

En dépit du: «Ne fais pas aux autres ce que tu ne veux pas qu'ils te fassent», il lui arrive parfois des propos impatients sur un ton qu'elle souhaiterait plus nuancé. Perfectionniste. «Faire le mieux possible tout le temps. Il y a une nécessité absolue d'être cohérent, de garder, de cultiver cette cohérence, sinon on est sur le qui-vive...»

Il y a longtemps que Phyllis Lambert ne peut être tenue en laisse et qu'il faut, pour l'impressionner, autre chose que de l'autorité. Le génie la touche. Mais elle est émue d'abord par les gens qui cherchent, «vont au bout de leur rêve, ont de la vision, des principes, sortent des sentiers battus». Elle déclare simplement: «Je ne m'accorde pas le droit de me tromper. Je me trompe. Je ne me pardonne pas. Je continue, c'est tout.» En expliquant son père, elle livre un peu ce qu'elle est: «Il avait les défauts d'une personne qui veut accomplir quelque chose.»

Ferveur et vocation. Fidèle, dure et droite. En affaires ou en architecture, elle ne fera pas n'importe quoi: «Je ne vendrai pas mon âme.» Ses travaux sont exécutés avec une intelligence digne d'un instrument de précision. Elle s'applique d'abord à reconnaître les signes de vie afin de les intégrer à la pierre, à la rue, au quartier. Avec la volonté et le sentiment depuis longtemps que rien n'est impossible, que tout va céder à sa volonté.

Sur un ton calme et monocorde. Sous une allure générale impassible.

Une enfance victorienne

Phyllis Lambert jette bas les préjugés sur les petites filles de riches, dociles et surprotégées.

Elle est la deuxième des quatre enfants de Samuel Bronfman. Une enfance organisée «dans une grande maison remplie d'enseignements, de devoirs». Entre les leçons de piano, de danse, d'équitation, d'hébreu, les fins de semaine à la campagne, les camps de vacances l'été, New York et Montréal, elle garde du temps pour le rêve, la réflexion. Observe et critique. Déplore la séparation entre les groupes sociaux et linguistiques de la société montréalaise et la fustige.

«Notre éducation était très victorienne, très anglaise. Je n'aimais pas cette vie.»

Elle hait les frontières, les murs, les bornes, résiste, rebelle. Pourtant, elle est douce, réservée, timide. «Je ne me battais pas. Pas comme les enfants le font aujourd'hui. Je me retirais dans mon monde intérieur. J'ai toujours fait les choses qui me passionnaient, les autres je les évitais. Je le fais encore.» Attirée par l'aventure, la nouveauté. Elle a du reste suffisamment de latitude: sa sœur aînée cristallise les espoirs parentaux, ils sont moins tatillons avec la deuxième, et les deux garçons qui suivent vont réaliser les ambitions.

La petite Phyllis est marquée par son père: «Sa façon de voir les choses, sa présence, son implication totale. Il avait une passion féroce pour tout ce qu'il faisait. J'ai appris ça de lui.»

La réussite chez les Bronfman est une exigence tacite. Un jour qu'elle confie naïvement à son père son inquiétude à la veille d'un examen scolaire, elle reçoit cette déclaration péremptoire: «Ma fille à moi n'échoue pas.»

Sa mère a 96 ans. C'est une femme dévouée, chaleureuse, altruiste, «élégante physiquement et moralement». Mais Phyllis refuse ce modèle, les rôles d'épouse et de mère, un destin pourtant inéluctable. «J'étais vraiment une *outsider*. Je ne voulais pas être la femme de... Malgré mon amour des enfants, je trouvais terrible d'être confinée à la maison.»

À neuf ans, elle découvre, avec la pâte à modeler, la sculpture. Un coup de foudre. Ses parents encouragent ses dons, mais plus tard, quand elle manifeste son intention d'être artiste, «de mener une vie jugée immorale», d'aller à Paris puis aux États-Unis étudier l'art: «Alors, là, mon père a dit non!»

Elle se marie donc à 20 ans pour fuir légitimement. Divorcée rapidement, sans enfant, de cet épisode elle ne conserve que le nom Lambert. Entretemps il y a la découverte de l'art, «ma vraie vie». Des études, des voyages, des longs séjours américains. Si on ajoute plus tard son implication sociale, ses contacts avec les groupes de citoyens, c'en est fait: «Mon père croyait que j'étais une anarchiste.»

À travers des réussites brillantes, notamment l'édifice Seagram à New York, la montée vertigineuse d'une carrière où elle s'inscrit en sommité, il y a maints tâtonnements qui la laissent quelquefois désemparée. Des moments d'incertitudes et de doutes, mais dont elle sort rassérénée, mieux armée, plus résolue à embellir le monde.

À 66 ans, lucide et modeste, elle sait qu'il faut avant tout conserver sa liberté de pensée, le sens des réalités.

La démocratie l'enchante, de même qu'une certaine créativité qui doit forcément émerger d'une époque sociale et économique difficile.

«On a des leçons à donner aux autres», assure-t-elle en parlant de Montréal, ville aux grands moments de gloire mais dont ce n'est plus le temps de la richesse ni celui des regrets. «C'est le temps des remises en question, du choix des valeurs.»

Forgée d'espoir et de foi, pour elle il y a toujours quelque chose qui arrive, qui doit jaillir, qu'elle doit saisir.

Roger D. Landry

*Inédit
(février 1993)*

L a voix vieillotte du piano mécanique remplit l'air, le rouleau musical répand ses effluves tremblotantes et Roger D. Landry s'attelle à la tâche de réanimer son âme. «T'aimes ça? Alors, on va pédaler!»

L'air des *Roses de Picardie* a un parfum de vieux boudoir français, de soirées enfumées, de tendres complots. L'air du *Parrain* évoque la célèbre saga des truands.

Rouge aux joues, soufflant, sifflotant, pieds en cadence, c'est tout le plaisir de l'enfance qui surgit en même temps que le plaisir de chanter. Et celui de le partager. Jovial, primesautier, un homme heureux dans son royaume.

«Viens, je vais te montrer autre chose.»

Et c'est, en suivant son regard, le paysage moelleux des heures douces, le blanc de la rivière gelée à Sainte-Geneviève-de-Batiscan: «L'été, dès que la lune paraît, la rivière est un miroir.» La piscine endormie sous la neige, les champs, les clôtures, le ciel, le silence:

«Quelle merveilleuse chanson, quel merveilleux refrain que le silence!» Le président et éditeur de *La Presse* a du mal à contenir sa joie. «C'est le paradis, ici.» Il est bien là, dans sa maison; il a laissé à la porte l'agitation et les loups: «Chez moi c'est la quiétude, la sécurité, un monde où je n'ai à rendre compte de rien à personne, où je n'ai pas à performer. Je suis moi.»

Tout est préparé, propre, entretenu. Il aime l'ordre. Il est furieux s'il en est autrement. Rasséréné devant l'éclat du plancher, ayant du regard jugé l'ordonnance des choses domestiques, il se détend.

Attentif: «Veux-tu la belle chaise?» Incertain: «Veux-tu de la musique?» Mozart, une cigarette, la mollesse, l'attendrissement pendant que le feu crépite, préparant la braise qui servira plus tard à un autre plaisir, celui des steaks préparés à sa façon. Il ronronne déjà en y pensant.

Le président du conseil d'administration de la Société de la Place des Arts révèle ses goûts: «J'écoute beaucoup d'opéra quand je suis seul, parce que je peux hausser le son: Verdi, Bellini, le *bel canto*. Je ne suis pas un wagnérien.» Dans un même souffle, par on ne sait quelle association d'idées, il parle d'Hemingway et de la corrida: «Je suis un passionné de la corrida. C'est le combat le plus dangereux autant pour l'homme que pour la bête.»

Le piano mécanique bien en place dans le décor intime de Roger D. Landry est un objet sentimental: «J'ai voulu en avoir un parce que ma grand-mère en avait un.»

Faire les choses à sa manière

Roger D. Landry a apprivoisé ses rêves, les a menés jusqu'au bout. Dans sa vie professionnelle de communicateur, gestionnaire, administrateur, il est en quête d'idées nouvelles. Il professe l'emballement quotidien et une formidable faculté d'émerveillement. Imaginer de nouvelles façons de faire. Laisser libre cours à sa créativité. Ému devant la réussite: «Je suis un obsédé de gagner. Mon poste dans l'équipe n'est pas important: plombier, manœuvre ou bien patron, mais mon équipe doit gagner.» Il a la générosité de se réjouir sincèrement des victoires et des succès de ses coéquipiers.

Travailleur acharné, discipliné. Les sens en éveil, l'écoute active, le regard vif, il saisit les choses invisibles, a le don de rendre ses rêves possibles. Sensible aux impressions, il initie ensuite les changements qui l'engagent, l'enthousiasment, lui permettent de vivre des expériences créatrices stimulantes. «J'aime tout ce que je fais, avoue-t-il. Et l'inspiration vient de la nécessité d'améliorer les choses, de les faciliter.»

«Il y a des gens qui, par leur cheminement, ont forgé une grosse montagne. Moi, j'ai beaucoup de petits tas qui, mis ensemble, deviennent une grosse montagne.»

Mais le succès, la fortune ou la gloire ne seraient rien sans le plaisir. Il s'engage complètement dès qu'il accepte une responsabilité, à la condition qu'elle lui soit une expérience plaisante. Dans ce cas: «J'agis toujours comme si c'était la chose la plus importante au monde.» Qu'il s'agisse de diriger *La Presse*, de danser dans le ballet *Casse-Noisette* ou de chanter dans *La veuve joyeuse*. Danser, chanter, être heureux. «Je suis un gars fait pour le bonheur.»

«Si on agit avec le cœur, on ne se trompe pas.» Il voue une tendresse particulière au journal qu'il dirige: «Sortir un journal tous les jours, c'est ce qui me fascine le plus. À une table, un matin, il y a un lecteur qui s'assoit, le journal devant lui, prend connaissance de la manchette, tourne la page, se retrouve à l'intérieur

de son journal, comme dans une paire de chaussettes!
C'est fascinant. Si j'avais à choisir entre être le plus
grand journaliste et le plus grand écrivain, je choisirais
d'être le plus grand journaliste.»

Une grande histoire d'amour

«Tant que j'aurai un projet, je repousserai la
mort.»

À 8 ans, il était comme cela déjà. Actif, débordé
même, un agenda sous le bras. Il cherchait à tout voir,
tout vivre. «Je jouais dans les séances à l'école, j'ap-
prenais des rôles, je chantais, j'étais enfant de chœur.»
À 12 ans, un samedi alors qu'il jouait à la balle dans la
ruelle, il entend une voix d'opéra à la radio. «Ça venait
du *Metropolitan*. Je me suis appuyé sur la clôture, j'ai été
envahi, envoûté par cette voix. À partir de ce moment-
là, tous les samedis j'écoutais l'opéra.»

Un coup de foudre qui n'a pas été entretenu
dans sa famille. Le milieu est modeste. «J'aurais bien
joué trois parties de hockey par jour au *Forum* juste
pour pouvoir prendre une douche d'eau chaude.»

Enfant unique, né à Pointe-Saint-Charles. Son
père est mort alors qu'il a 14 ans. Sa mère doit travailler pour gagner leur vie. «Le fouillis autour de moi,
des bandits comme voisins. J'aurais pu mal tourner.
J'ai commencé à jouer au hockey junior à 15 ans. C'est
dans le sport, où j'avais une certaine habileté, que je
passe toutes mes frustrations d'adolescent, mes crises
et ma révolte. C'est ce qui m'a sauvé.» Il chante aussi,
au *Stade Notre-Dame* avant les spectacles. Bon élève,
surdoué, président de classe, populaire, partout à la
fois, surtout quand on a besoin de lui, il se bâtit une
carapace.

Au cœur de cette enfance à la Gabrielle Roy,
pauvre et heureuse malgré tout, il trouve une affection

qui le comble: celle de ses grands-parents maternels qui le prennent sous leur aile protectrice. Ce sont les repères de sa vie. «Ce sont eux qui me disaient ‹je t'aime›. J'ai jamais eu de peine dans ma vie assez pour pleurer, sauf à la mort de mon grand-père. Quand ma grand-mère est morte, j'étais un adulte et pourtant j'ai pleuré. Seul. Je venais de perdre ma *chum*, mon amie.»

«Je l'aimais comme un fou. Elle était parfaite, me suivait au hockey, s'intéressait à mes activités, s'inquiétait. Une femme brillante. Elle m'a tout donné.»

Et le flux de souvenirs fait revenir de vieilles larmes de tendresse. «Je les aime encore.»

Il a voulu réussir pour sortir de la pauvreté. «Je me suis dit: ‹Un jour, je vais avoir ce que les autres peuvent avoir.» Il s'est senti riche avec les 25 $ qu'on lui donnait pour jouer au hockey. Il fréquente l'université Sir George Williams et apprend l'anglais. Et tout en jouant au hockey en Europe, fréquente les universités de Paris et de Londres. Marié à 22 ans, il a eu 3 enfants et 2 petits-enfants.

Aujourd'hui, si c'était à refaire, il se permettrait de laisser aller «l'autre côté» de ce qu'il est. Content de lui, sans pavoiser outre mesure, il tend tout de même vers l'idéal de «réussir au moins la moitié de ce que j'ai essayé de faire».

Mais il a au moins cerné une de ses vérités: «À l'intérieur de moi, je pense que je suis et resterai toujours un éternel enfant.»

Robert LaPalme

Lundi 19 octobre 1992

S a mère le trouvait charmant. Avec cette assurance qui est sa force, il a vécu tout ce qu'un homme rêve de vivre, armé de talent, de joie, de curiosité, de sensualité, de démesure.

Sa voix dessine en mots précis le caractère d'un personnage. Le sien propre. Il pose un regard perçant sur tout ce qui bouge et sur tout ce qui pense. À partir de là, il se fait une bonne idée. C'est sur la page blanche, sur le canevas qu'il a croqué l'homme sur le vif au cours d'une carrière époustouflante d'humoriste. Il vient de recevoir le titre de Grand Montréalais.

Robert LaPalme n'a pas 84 ans, il en a 100 et il en a 15. Sage et impétueux, tranquille et bouillant à la fois. «Quand on pense à toutes les maladies qui existent, je suis content d'être là.» Il n'a jamais eu le temps de penser au temps qui passe et se retrouve, étonné et ravi, devant des journées pleines à craquer de travail en peinture, de rencontres, de projets, de lectures. Sa gymnastique intellectuelle va jusqu'à s'imposer des œuvres incompréhensibles et rebutantes. Le sérieux de l'affaire le fait rire.

Dans son repaire cossu, entouré de ses livres et de quelques fantômes, il a tiré les rideaux; il fait sombre, et pourtant, dans la petite pièce qui lui sert d'atelier, les toiles dernières-nées éclatent de lumière. Les couleurs volent en éclats.

On pourrait imaginer le caricaturiste impitoyable. Observer constamment les défauts des autres ne l'a pas rendu bête et méchant. Ni méfiant ni blasé, seulement plus lucide, avec une étonnante facilité à l'attendrissement. Et une formidable envie de rire, qui est peut-être un secret de longévité...

Il vit d'humour

Il aime l'âme. Celle qu'il saisit dans le regard de l'autre, celle des objets anciens qu'il a longtemps collectionnés. Et la gravité du poids des ans des uns ne lui donne pas plus de sérieux si l'occasion provoque une farce: «Ici, dans des fouilles archéologiques, on trouve des bouteilles qui sont moins vieilles que moi et on les expose dans un musée. J'ai assez hâte de mourir! ils vont me mettre là, moi aussi.»

Une autre fois, il croise des Français sur sa route et leur demande: «Comment trouvez-vous ça ici?»

«La forêt est très belle, mais la ville...»

«Oh, non. Ici, il n'y a pas de monuments. Ce qu'il y a de plus vieux, vous êtes assis avec.»

Il dit tout ce qu'il pense, truculent, sans censure ni ménagement. Fustige d'abord ceux qui travaillent mal, qui «parlent sans connaître, sans aller au fond des choses. Il ne faut pas rejeter la tradition, comme on le fait souvent aujourd'hui. Elle nous sert à comprendre le savoir-faire des Anciens». Cet amoureux d'art et d'architecture place le Moyen Âge et ses cathédrales au-dessus de tout: «Rien n'est plus beau.»

Robert LaPalme n'a jamais été un fervent écolier. Il a tout appris par lui-même, autodidacte éclectique, avec une seule passion dévorante (entre autres), le dessin. Et on ne pourrait pas le prendre en défaut de culture, il sait tout, perçoit, reçoit, dévore et redonne.

«J'ai travaillé, déjà enfant, à gagner ma vie avec le dessin et ma mère m'encourageait.» Son père, homme pieux «mais à la piété héréditaire, non réfléchie», lui inspire cette déclaration d'amour: «Ce n'est pas pour rien qu'on attribue à saint Joseph le métier de menuisier. C'est le plus beau de tous! C'est un homme qui mesure et réfléchit tout le temps. Il faut que tout s'ajuste. Alors il ne prend jamais de risque. À la longue, ça forme l'esprit.»

De ses années d'adolescence passées en Alberta, il a gardé la grande sagesse des cultivateurs, «qui m'ont beaucoup appris en disant des choses simples mais belles».

Il est né en 1908, «un siècle après Daumier», dans la paroisse Saint-Vincent-de-Paul à Montréal. Petit, il est... petit. Sa mère souhaite qu'il ait un métier assis qui ne réclame pas de muscles. Pourtant, Robert est un audacieux, un tantinet téméraire, qui fonce tête baissée dans tous les obstacles sur sa route, affronte tous les défis. N'a peur de rien.

Il fait du baseball et de la boxe! Un jour, il se bat contre un plus grand. «Je saignais du nez facilement; alors, au moindre frôlement, le sang giclait et le gars n'osait plus me frapper. Moi, j'en ai profité pour le mettre k-o.»

Le séducteur

Meneur, frondeur, esprit libre, et pourtant la sensibilité à fleur de peau il n'est pas maniable et, en vérité sans doute, pas mariable. «J'avais trop de fantaisie pour la domestication.» Pourtant, il épouse Annette Demers, maintenant décédée. Il a un fils.

Conquérant, séducteur, ludique, Robert LaPalme chasse et aime: «L'homme est polygame», assure-t-il en riant.

La femme qu'il séduit est une muse; il aborde à sa rive avec toute la fougue de sa jeunesse, avec ses allures de troubadour et de chevalier, troublé par son mystère, par son charme et sa... vertu. Il ne recule devant aucune difficulté pour conquérir. «C'est à cause de la vacuité dans le cœur. Il y a toujours quelque chose de vacant dans le cœur des femmes. C'est facile d'aller chercher ça.» Mais il convient que le mariage est une chose sérieuse, intime, engageante.

Son charme opère, et il jure qu'encore, au moment où on se parle, quelques belles le pleurent en secret.

«Quand on a beaucoup vécu, c'est tant mieux. On a un tas de souvenirs différents. Mon Dieu! que la vie était belle des grands bouts!»

Il y a tout de même, dans un coin obscur de son cœur, au-delà de l'ironie, de constantes questions sur la vie, sur la mort. Et une déconcertante inquiétude devant l'inconnu, les premières rencontres, sa timidité et son malaise face à celui des autres.

Il peut s'approprier cette phrase de Scutenaire: «L'humour est une façon de se tirer d'embarras sans se tirer d'affaire.» Alors il cause, multipliant les mots d'esprit, explosant d'humour. On dirait qu'il ne lui arrive que des choses inouïes, insolites.

Candeur et spontanéité de l'enfance. «L'apparence extérieure me confond. Les gens qui ont peur me rebutent, pas ceux qui sont méchants, mais ceux qui restent sur la défensive.» Par ailleurs, il n'a pas de haine.

Il est attiré par les tempéraments entiers, les gens instruits, car il aime avant tout l'intelligence, la sienne et celle des autres. Il est toujours content de la grâce d'un mot d'esprit, peu importe d'où il vient.

Sans fortune personnelle, il a tout de même eu de grands moments de gloire et de vie de château. Ses fantasmes l'ont mené, dans le monde, à trouver des lieux et des gens conformes à l'ampleur de son imagination, de ses connaissances. Cet éclat n'a pas masqué la profondeur de sa sensibilité ni maquillé la réalité. Il connaît ce qui fait souffrir, ayant eu lui-même sa part du lion.

Robert LaPalme, qui continue son travail, dessine et peint à la gouache, la main sûre, l'œil vif, a certainement touché du doigt l'art et la manière de vivre. Il livre en tout cas un secret: «J'ai toujours repoussé le stress. J'aime la vie. La vie m'aime.»

·30·

Joël
Le Bigot

Lundi 20 janvier 1992

On part de la vie de tous les jours, de la vie de l'esprit, de la vie d'amour, on passe par l'enfance, on revient aux tensions, aux rêves, on échoue sur une île.

Avec Joël Le Bigot, une conversation n'est pas banale. Il nous fait subir tous les temps. Par grand vent, on le voit tenir la barre et revenir au port. Il va lire Baudelaire qu'il a lu 100 fois, ou Vigneault, jeter l'ancre en eau connue. Ce n'est pas un homme de modes. Il écoute 100 fois la même musique qu'il aime. Il fait le tour de la Terre et le tour de lui-même. Il y a en lui un peu de Tintin et du capitaine Haddock.

Mouvement. Activité. «Il faut que ça bouge.» De l'intérieur autant que de l'extérieur, Le Bigot tangue, mais le cœur reste bien accroché. Après plus de 15 ans de *CBF Bonjour* à Radio-Canada, des années à scruter l'aube, à faire émerger le réel, à aider l'auditeur à faire surface, il sait encore parler de «choses jolies», des horreurs du monde aussi, informer et faire sourire. L'équipe est dans le même bateau. Et les quelques hommes qui sont passés par-dessus bord, Le Bigot les aime encore, les garde vivants. Dans son salon, une horloge tintinnabulante et détraquée est un cadeau ultime d'Alcide Ouellet.

Les pieds sur le pouf, en tenue décontractée, pantalon de velours et blouse d'artiste, Joël Le Bigot raconte surtout l'amour, sa grande passion. Entier, exclusif. «Je suis fabriqué d'une énorme énergie si je suis habité d'un bonheur total de cœur.» Le regard bleu de mer s'insinue entre deux murs de briques, l'autre côté de sa rue, «là où rien ne l'arrête». Et s'interroge: «Qu'est-ce que l'essentiel? Je ne suis pas sûr que ce ne soit pas le délire, la folie amoureuse, le bouleversement constant, le risque de sa vie.»

À 46 ans, il l'avoue, il est impétueux, emporté. «Je ne suis pas capable de supporter un certain nombre de choses: la méchanceté, la bêtise, la tromperie, le manque de générosité, la perte de temps, l'insignifiance, l'ennui.» Ces éléments d'impatience lui font aimer davantage son «monde», son équipe avec qui il partage de grands sentiments: «affection, amitié, empathie, intimité, mais surtout de la gentillesse. Entre cinq heures et neuf heures du matin, on est exclus du monde normal». Cela crée des liens. Et chacun a ses peines, ses deuils. Lui aussi.

«Je n'ai jamais été angoissé en mer devant un grand temps. On peut agir. Dans la vie, quand le ravage arrive, le maëlstrom du drame se produit, on ne sait plus rien. On est déséquilibré. On ne sait plus si ce mouvement vaut la peine ou si ce n'est pas la fin du mouvement.»

Francine Grimaldi dit de lui: «Il est exigeant, mais tellement généreux et intelligent! Soupe au lait? Tous les Béliers le sont. C'est un être brillant, un pousseux, un catalyseur.»

Une enfance agitée

«Partir du fin fond d'un village de Normandie, un trou, s'en aller, débarquer en Angleterre, embarquer sur un bateau, arriver à New York, venir à Montréal et commencer une vie avec trois enfants, avec rien, pas un sou en poche, c'est une aventure extraordinaire.»

Février 1948: Joël a deux ans, c'est le bébé. Il a bien traversé l'Atlantique Nord, ses petites jambes et son estomac ont tenu le coup. Il apporte avec lui, outre le tempérament normand, une histoire de famille un peu compliquée où guerres et misères s'entrecroisent, avec de méchants Allemands qui ont fait du mal et un petit Le Bigot qui vivra quelque temps avec une certaine haine avant que d'être magnanime. Il a toutefois conservé une sainte horreur de la violence sous toutes ses formes et de la guerre.

La petite famille déracinée, pauvre, s'installe dans le quartier Hochelaga. Le père est ébéniste: «Un beau métier, noble, et qui sent bon.» Ils arrivent là juste dans le temps où on se méfiait beaucoup des étrangers, où ce qui parlait pointu était traité de «maudit Français».

«On n'était pas des Parisiens, on ne comprenait pas pourquoi on était si malmenés à l'école.» Il se sent rejeté. La famille va s'installer à Saint-Vincent-de-Paul, où, là, les enfants se sont sentis beaucoup mieux. «Il n'est pas resté d'amertume de cette époque», assure Le Bigot. Mais au moins une leçon: «On n'échappe pas au fait qu'il y a quelque part une terre d'où on est sorti. Je suis retourné dans mon village, j'ai compris que c'était de cette terre que j'étais issu.»

Ce qui ne l'empêche pas d'être québécois, entièrement, passionnément. «Je me sens de ce pays, ici c'est chez moi.»

Mais toujours la liberté, la possibilité de partir. S'il lui faut de l'horizon, s'il faut qu'il voie loin parce que c'est loin qui l'intéresse, s'il veut s'en aller comme Alexandre le Bienheureux, aller découvrir l'inconnu, cela lui vient sans doute de tous ces ports qu'il a connus. Et le bateau permet «quelque chose qui est à ma mesure, un déplacement lentement, longtemps, à mon rythme, le temps de regarder».

Il est bien à rêver, sur le fauteuil ou sur la plage, partout où il n'est plus enchaîné par la terre. Il lui faut être surpris, étonné. Agir, bouger, produire et ne rien faire «tant que ça bouge à l'intérieur». Et il aime aussi surprendre. Il vient de se raser après toute une vie de barbe!

Il était comme cela aussi dans sa jeunesse, dont une partie reste un secret inexploré comme les hauts-fonds. À partir de 17 ans, c'est l'apprentissage de l'autonomie, la découverte de la femme, de sa vie d'homme, de la radio, de tout. «Pourquoi ne ferais-tu pas comme Jacques Desbaillets?» lui suggère sa mère.

Car il a bien fait six mois d'ébénisterie avec son père. Mais, encore aujourd'hui, il croit qu'il ne fera jamais aussi bien que lui. «Je plante un clou et je pense à lui, j'ai peur de ne pas réussir.» Il va quand même faire l'effort et si une planche est bien taillée, «je suis aussi fier que si je venais de faire le télé-journal au pied levé!»

Et le reste de la vie

Il n'est pas toujours en accord avec la vie. Alors, croire ou ne pas croire? Ce n'est pas véritablement encore une question importante. «J'ai vu mourir Alcide et cela m'a marqué. Je me suis dit que la chose la plus triste, la vraie douleur, est non pas de mourir mais d'échapper à la vie, de laisser les autres avec la vie, le bonheur, les levers de soleil. Et le sentiment auquel je me suis accroché, enfantin et joli, c'est de me dire que peut-être l'après-mort existe; peut-être que c'est possible de retrouver plus tard les gens que j'ai aimés.»

Il veut vieillir simplement, doucement, près d'une femme qu'il aime, «c'est une raison de continuer, de faire des folies, de risquer ma vie». Mais rien n'est jamais sûr: «Je serai peut-être mal ou seul, j'aurai peut-être un cancer, mais je n'accepterai pas longtemps la maladie, j'ai trop de mépris pour l'inaction.»

Le mouvement au cœur de sa vie et le cœur tout court avec des coups de foudre pour des objets, le goût de donner, de marcher dans le bois avec sa blonde: écouter de la musique, fumer des cigares chers, prendre un café chez les Italiens, jouer au billard. Bourgeois? Il n'oublie pas qu'il a été pauvre.

La capacité de s'indigner des politiques et des hommes est vive. Il leur voudrait plus de courage. Surtout à Montréal.

Romantique impénitent, il ne rêve qu'à un peu de douceur «dans une vie folichonne de débordements, de bouleversements et de peines».

C'est son idéal, avec en plus celui de bien faire son travail. Que Raymond Lebrun dise à la fin: «Ça a passé vite», signe irréfutable que l'émission a été un succès.

-30-

Daniel Lemire

Lundi 6 juillet 1992

I l jette un regard cru sur la vie, incisif mais tendre et magnanime. Il jette un regard cru sur lui-même, sans condescendance ni complaisance.

Le rire est son rituel, sa vocation, sa communication et sa carapace.

Daniel Lemire public ou secret; tout en nuances, en tons subtils d'où jaillissent au milieu de phrases ordinaires des répliques brillantes éclatées de rire.

On doit le prendre au sérieux; réfléchi, attentif et curieux de tout, informé, amoureux de la langue française, lecteur boulimique, il est critique, mais ni amer ni cynique. Toutefois, sans le vouloir, au moment le plus inattendu, sa tignasse hirsute, un son de voix altéré nous ramènent à l'oncle Georges. Ou bien il dit sur un ton grave, regard en coin pour vérifier son effet: «Je suis né à Drummondville...»

Sensibilité et tendresse. «Mon but n'est pas de rire des autres, je ne les observe pas à la loupe. Et je ne ris pas moi-même de n'importe quoi, mais je ris volontiers de moi. Je me considère comme un parfait abruti sur bien des points, j'observe mes défauts, j'essaie de changer.»

S'il n'a pas la mentalité d'un joueur de tours, ayant depuis longtemps compris l'aspect corrosif de certaines blagues il peut être virulent, cependant, traquant l'étroitesse d'esprit. «Mais je ne ferai pas sentir aux autres que je suis au-dessus de tout cela. Le comique doit toujours avoir un doute. L'humour ne signifie pas l'insensibilité, ni la supériorité. Il peut être une manière de se protéger.»

Depuis 1978, année où il emménageait en Estrie, avec ses amis, un théâtre dans une ancienne école, depuis son premier grand spectacle en 1980, Daniel Lemire a rejoint un public de plus en plus vaste. C'est lui qui succède à Dominique Michel pour l'animation du Festival Bell Juste pour rire.

Les enfants d'abord

À deux pas de nous, ses enfants pataugent dans la piscine familiale. On sent du père à eux un fil invisible, complice et affectueux. Chaque fois qu'il le peut, le père Lemire explique sa perception du monde avec des références enfantines. Son enfance à lui, celle des autres.

Ses trois enfants. Cent fois il parle d'eux. Un univers proche de la rédemption. Proche de la consolation.

C'est absolument vrai qu'il est né à Drummondville, raconte-t-il. Et qu'il a été pesssimiste longtemps. Il ne faut pas y voir un lien de cause à effet! D'ailleurs, il est né clown, malgré lui, ce cadet d'une famille modeste de quatre enfants, rejeton non pas rejeté mais tout de même «cheveu sur la soupe». La vie était difficile; la mère à l'usine de couture, le père chez Celanese, des travaux durs, des salaires de misère, la fatigue, un certain désenchantement qui privait l'enfance du petit dernier de sa poésie, de son insouciance.

Il n'a pas eu de grand rêve précis; occupé à grandir, il lit beaucoup, fait du sport, du baseball surtout, il voudrait bien mais ne sait pas encore comment être au-dessus de la mêlée.

Il n'y a pas d'artiste dans la famille, tout le monde vient de la campagne, vit modestement. Transformer la vie en farces, en pirouettes, c'est une seconde nature chez lui. C'est sa façon d'aimer. Et réduire le mal de vivre adolescent en étape créatrice. Dédramatiser.

Tourner la page. Aujourd'hui, «c'est rare que je reviens sur le passé, je ne l'évacue pas mais je ne m'accroche pas non plus. Il n'y a pas de quoi rire. L'enfance, on l'idéalise. Il y a des moments pénibles de fin du monde et on garde de cet enfant-là en nous un fond de tristesse».

«Mais je n'admets pas qu'on se serve d'une enfance difficile, mal aimée, comme prétexte pour ne rien faire, ou pour excuser tous les maux.»

À 16 ans, il décroche de partout, de l'école parce qu'il refuse la polyvalente; de la maison, parce qu'il veut vivre sa vie. Avec sa blonde. «C'était Walt Disney, le grand amour. C'est une bonne chose au fond ce que j'ai fait là. J'ai mieux compris mes parents en vivant les difficultés de la vie quotidienne, ça m'a fait mûrir.» À Québec, il pratique des métiers «pas d'allure»: usine de sablage, manufacture de rouleaux de carton; les longues heures, l'insalubrité, mais surtout les moqueries des autres, un apprentissage à la dure. Cet amour a duré six ans malgré tout. Daniel Lemire est constant: «Je ne suis pas dragueur.» Et puis: «On n'a jamais vu encore un comique se faire déchirer les vêtements sur le dos par une horde de petites filles.»

Fierté et culture

Il a placé très haut la valeur du clan, la solidarité et la fidélité. Il travaille tous les jours à conserver son bonheur car il se considère protégé jusqu'à maintenant.

Des angoisses existentielles? Comme tout le monde. Patient, non violent, il donne un sens à sa vie et croit au progrès, à l'évolution.

Pragmatique, il n'a pourtant jamais rêvé de devenir riche. Il est mieux nanti aujourd'hui et cela lui fait prendre conscience de son ancienne pauvreté. Pour lui, l'argent doit servir essentiellement au partage, à la solidarité. S'il dénonce ceux qui s'entretiennent pauvres volontairement, paresseusement, il s'émeut devant «l'hallucinante pauvreté actuelle à Montréal. Il faut faire quelque chose!» Ceux qui se plaignent de payer trop d'impôts, qui trompent le système, il les dénonce: «C'est toi, c'est moi qu'ils trompent. Les gens n'ont parfois pas de vision à long terme.»

L'indifférence, le je-m'en-foutisme, «au plus fort la poche», la mesquinerie: il en a peur, il en a mal. Ses enfants lui ont appris à penser aux autres. «Je fais un métier narcissique. Les enfants ramènent sur terre. T'as beau avoir fait salle comble, si en rentrant à la maison le bébé ne dort pas parce qu'il a mal aux dents, le public est loin.»

Il aime son métier, le public, mais n'accepte pas la règle du jeu des mondanités, des premières, d'une certaine condescendance.

Alors: «Il n'y a rien que j'aime plus au monde que m'installer le soir avec les trois enfants dans le lit et leur raconter une histoire pour les faire rire.»

Il va aussi leur parler sérieusement du reste du monde, de sa géographie — la mère de ses enfants est géographe — de ses beautés, de ses misères: «On n'est pas dans une tour d'ivoire.»

«On est un petit peuple, on est menacés, il faut faire attention.» C'est dans cet esprit qu'il fignole ses textes, cherche à mieux s'exprimer. La France récente, où il a vécu deux mois, lui a donné le goût de l'outil du langage bien affûté. «Sur scène, on a intérêt à s'exprimer le mieux possible. C'est une responsabilité.» Les valeurs traditionnelles de l'Europe le rejoignent et l'émeuvent: «L'envergure des hommes politiques, la fierté des petits artisans, le respect des autres, la valeur relative de l'argent, le travail durable.» Il voudrait qu'on traite nos vieux ici aussi bien qu'on le fait là-bas, avec le respect de leur expérience. «Ce serait peut-être moins pénible de vieillir.»

Il aime les choses travaillées, solides, acquises à la sueur de son front. Il aime aussi le courage, la discrétion, le naturel, il préfère l'ombre à la lumière, admire ceux qui foncent. Il assume ses peurs, celle notamment de perdre un être cher, il nuance, il tempère, toujours plus près du pardon que de la punition. Il est sans haine.

L'imaginaire, l'humanité, l'humilité. Les trois pôles d'attraction de ce grand drôle qui ne veut surtout jamais faire la morale. Qu'on ne s'y trompe pas, sous le clown pointu et quelquefois railleur, le cœur est immense et fragile. Et plein d'humour tendre.

Suzanne Lévesque

Lundi 25 janvier 1993

« J' aimerais vivre la vie d'une fille du Wisconsin ou être une Japonaise; vivre autre chose, échapper à moi-même.»

«Je suis tannée de penser comme moi, de voir les choses à ma manière.» La voix éclate de rire en modulation de fréquences ou bien soupire, gronde, grogne, qu'il s'agisse de dire que «le Bon Dieu est bon», que «la vie est compliquée», ou qu'elle affirme être «terrrr... riblement rancunière!»

Suzanne Lévesque, pourtant souveraine, n'est pas sûre qu'elle est faite pour le genre de vie qu'elle a menée. Elle aurait bien vécu il y a 100 ans, plus accordée à son monde intérieur, loin du bruit et de l'agitation.

Elle aime, elle n'aime pas, on le sait. Elle devine, elle interroge. Ses questions et ses réponses, de l'intimité ou des ondes, sont autant d'ancres jetées dans sa mer intérieure.

L'autre est un miroir dans lequel elle aperçoit sa propre image étonnée. Et qui n'est pas celle que l'on croit. «Une des grandes erreurs que l'on commet est de penser que les gens sont comme nous; ils le sont un peu, mais ils ont une vie qui n'a rien à voir avec la nôtre. Chaque vie est une saga sans nom.» Ça l'a passionnée de les explorer. Elle a mené certaines interviews jusqu'à la lie, s'accordant des doctorats en Ginette Reno ou Jean Lapointe par exemple. Elle se retrouve émerveillée devant une personne qu'elle rencontre pour la première fois.

Elle «brasse» mais ne contrôle pas, affirme-t-elle. C'est quoi l'amour? «Mon Dieu! il n'y a pas un amour, mais mille et un!» Elle rit devant l'énormité de la question. Il y a le fils: «nos enfants nous marquent, nous transforment»; le mari: «c'est un chat de ruelle, généreux, combatif, c'est une mère»; les copines: «le placotage, l'animation, les femmes sont plus intéressantes, plus près des vraies affaires».

Elle ne s'intéresse pas le moins du monde à sa carrière, à la notoriété. «Je n'ai jamais pensé à ça plus de sept secondes dans ma vie. Je reconnais que j'ai eu la chance d'un travail stable, que je n'ai pas eu à chercher.»

Heureusement, car elle a eu longtemps la hantise de la pauvreté. Les biens de ce monde ont une signification: elle associe l'argent à la liberté. «Vieillesse, solitude et pauvreté ensemble, c'est l'horreur totale.»

Vieillir est une grâce. «Je trouve que j'ai plus d'allure maintenant que j'en avais avant. Je m'énerve moins, je règle encore quelques petites choses et je trouve la vie bien bonne.»

Un rêve de fleurs

Contemplative, solitaire et tranquille en dépit des apparences, Suzanne Lévesque aime l'eau, son élément naturel, les chants de ses oiseaux en cage, mais aucune des musiques: «C'est du bruit.» Elle a grandi dans la nature, refuse de travailler l'été, ensemence des kilomètres de terre pour la voir fleurir. «J'ai habité au milieu d'un champ, je me suis livrée à ma folie de la fleur, ça poussait comme le diable.»

«J'aurais voulu être le frère Marie Victorin.»

Elle revient une fois de plus sur ce qu'elle aurait aimé être ou accomplir: «Étudier la philosophie, la botanique. Je veux aller au Japon voir leurs jardins. J'aime la nature contrôlée, le jardin est un lieu de grande paix où tout est calme et beauté. J'aime quand il n'y a pas un brin d'herbe qui dépasse, j'aime ça quand c'est parfait. C'est une des belles choses que l'homme a en lui: la manière dont il réussit à harmoniser la nature. C'est une sorte de création qui me touche énormément.»

Elle qui fait de la plongée sous-marine, de la natation, du plongeon athlétique, du ski alpin, a peu d'indulgence pour la course et le conditionnement physique, qui brisent, selon elle, l'ordre naturel des choses: «C'est un crime contre la nature cette agitation du corps si peu harmonieuse! Au moins, dans le travail, le corps bouge naturellement. Mais le reste c'est fou! J'ai tellement hâte qu'on se mette à glorifier l'esprit plutôt que le corps, qu'il redevienne *in*. Les grandes joies de l'esprit ont été abandonnées au profit de la cuisse!»

Pas une enfance à l'eau de rose

Au Lac-Saint-Jean dans les années 40, les Lévesque sont un clan immense de 8 enfants. Le père est médecin de campagne, personnage coloré, chaleureux, qui meurt tragiquement à 41 ans, alors que

Suzanne a 8 ans. Une perte dramatique, «une si grosse douleur dans un si petit corps d'enfant».

La bande Lévesque tyrannise le village. Profitant de l'immunité que leur confère leur statut d'enfants du docteur, une mère malade, un père absent, laissés plus souvent qu'à leur tour à eux-mêmes, ils provoquent des guerres de bandes, et durs à cuire imposent leur loi: «C'était étrange, intense et fort», se souvient la petite fille devenue grande et sage, avec une certaine horreur.

L'enfance est un lieu de souffrance. Suzanne est pensionnaire très jeune et déteste chaque seconde de cet état imposé. Solitaire «et mauvais esprit», elle se fait mettre à la porte des couvents.

Mais ça ira plus loin encore. Adolescente aventureuse, elle se retrouve voyageuse sur le pouce, au milieu d'une caravane en Jordanie, à entretenir des commerces douteux en Égypte, à laver la vaisselle au *Hilton* d'Amsterdam, et bien d'autres choses encore. «Je me demande encore comment je n'ai pas été étranglée là, il y a un Bon Dieu pour les innocents.» C'est parce qu'elle sait tout cela aujourd'hui, et les dangers qui guettent l'enfance, qu'elle est devenue si couveuse, si protectrice.

Cette espèce de mauvais rêve prend fin à la mort de sa mère: «J'ai pris 30 livres et ça a été fini.»

Si elle n'est plus délinquante, elle est restée guerrière. À sa façon de ne pas ménager ses arrières, d'aller au bout d'elle-même.

«Je ne lâcherai pas une affaire que je n'ai pas réglée. Je fais face, c'est l'une de mes grandes qualités.» Exigeante au travail, elle impose sa façon de faire. «Voilà mon défaut.»

Ne rien attendre des autres, ne compter que sur soi. Rester sur la défensive. S'abandonner est un attrait et un danger. Dans l'amour, ce serait l'idéal.

En attendant, elle suit le cours de sa vie comme le cours des saisons. Elle aime l'ordre du temps, elle veut écouter le vent, les orages.

Pas de cosmos, ni de spiritualité, ni de mysticisme: «Dieu m'ennuie.» Depuis sa «crise de scrupules à 12 ans», elle a perdu la foi. Ce qui a peut-être alimenté son inquiétude: «La mort, c'est l'horreur absolue. Il paraît qu'en vieillissant on l'apprivoise. Mais je ne suis pas capable. C'est intolérable. Je ne sais pas comment placer Dieu et l'au-delà à travers tout cela.»

Elle parle à ses oiseaux, à son chat, passe des après-midi à fouiner dans sa bibliothèque, à placoter avec ses copines. «Je ne fais rien.»

C'est le luxe absolu qu'elle s'offre à ce moment-ci de sa vie, où entre *La Bande des Six*, et à sa nouvelle maison à la campagne elle trouve suffisamment d'activités et suffisamment d'inactivités pour réfléchir et s'adonner à sa passion, la lecture.

Pas de projet, pas plus qu'il n'en faut, la vie bien accrochée, elle se sent l'esprit léger.

·30·

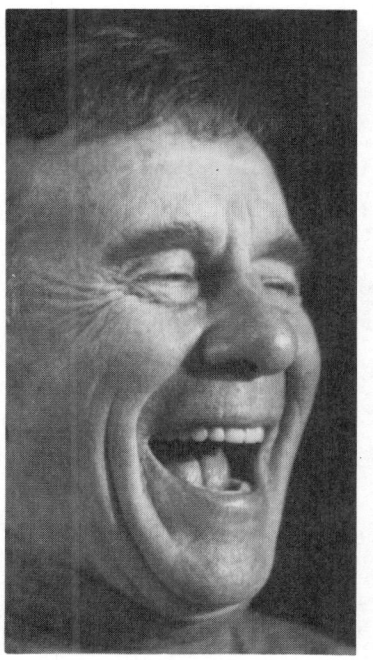

Doris Lussier

Lundi 2 décembre 1991

I l s'écrie: «C'est beau ça!» Il vient de réciter par cœur Boileau et Victor Hugo. Content de s'en souvenir, content du contenu, content d'avoir quelqu'un à qui le dire.

Doris Lussier est content de lui. On pourrait entendre le père Gédéon s'écrier: «Bonyenne que la vie est belle!»

C'est un homme heureux que la vie a comblé d'humour. À 73 ans, Doris Lussier est vert comme Gédéon: truculent, ricaneur. À la moindre excitation, d'ordre intellectuel faut-il le préciser? les longs bras battent l'air, le poing s'écrase bruyamment sur la table, ou bien la jambe gauche chevauche l'accoudoir de la chaise qui fait un demi-tour. «Le père Gédéon est tellement menteur, on peut même pas croire le contraire de ce qu'il dit.» Pas très rassurant pour une rencontre à peine ébauchée!

Il se lève, il mime. La voix éclate, tonne, et le rire emporte tout. Mais parfois, le chuchotement annonce une confidence plus corsée. Voilà un homme qui ne fait pas sérieux, peut-on penser. Et pourtant il vit entouré des plus grands philosophes du monde, d'une centaine de dictionnaires, certains rares, d'une douzaine de tiroirs de classeurs enfermant dans un ordre rigoureux tout ce qu'il faut pour écrire une histoire de l'homme... ou tout au moins des petites histoires. Il écrit sur les sujets les plus sérieux.

Il pense.

Une mémoire. Depuis qu'il a 15 ans, Doris Lussier est un ramasseux d'idées, de papiers. Il ne laisse rien passer et se nourrit de tout, de la moindre image. Un somptueux appétit intellectuel qui n'a pas de limite: philosophie, arts, politique, etc. Il cite les grands auteurs, sa mémoire est phénoménale. Il ne ressent pas la fatigue des longues heures de travail et d'enfermement qu'il vit dans son sanctum, chez lui, à Longueuil. Sa femme Alice «Lili», sa compagne depuis 45 ans, l'en sort de temps en temps pour le rappeler à l'ordre des repas, du repos.

Si la pensée des autres le nourrit, si lui-même apporte de l'eau à ce moulin-là, c'est toujours avec un profond humour que Doris Lussier aborde les choses. «J'aime rire, c'est l'aspect plaisant des choses et des gens qui me frappe dans la vie.»

Depuis une douzaine d'années, dans une demi-retraite, le comédien, l'homme de lettres, l'homme politique, le conférencier fait les choses à son rythme et à sa convenance. Il se ménage: «À nos âges, on s'effoire vite!»

Sa vie est sans colère, sans hargne, sans amertume. Il ne connaît pas les affres de la haine. «Je suis l'homme le plus ajusté à la vie qui se puisse. Je fais du bonheur avec tout ce qui m'arrive. C'est ma nourriture spirituelle. Avec l'amour universel et inconditionnel des êtres, l'humour est le seul dogme de ma vie.» Avec une telle attitude, il ne se connaît évidemment pas d'ennemis. Il réussit, dit-il, à désarmorcer toute velléité de chicane même avec des adversaires politiques.

On est en droit d'imaginer que le clown est triste dans un quelconque repli de son cœur. «Si j'ai du chagrin, je l'évacue. Comment? Si je n'ai pas pu en parler, je l'écris.»

Dans la vraie vie, Doris Lussier a eu 2 garçons, Pierre et Jean (décédé à 28 ans); mais dans la fiction, il a mis au monde un vieux éternel, le père Gédéon, fruit de l'amour de deux grands-pères et d'une couple d'autres vieux qui ont vraiment existé.

La petite enfance de l'un a donné le jour à l'autre. Né à Fontainebleau, dans les Cantons de l'Est, Doris Lussier passe ses premières années sur la terre. Son père meurt du cancer à 26 ans, Doris est orphelin à 4 ans. Cette première épreuve lui a laissé peu de souvenirs, sinon qu'il a été pris affectivement en charge par une flopée de «mononcles».

Sa mère chantait, elle connaissait des dizaines de chansons, elle était gaie: «C'est d'elle et de mon père que me vient ma nature de cabotin.» Elle se remarie 2 ans plus tard avec un cultivateur de Lambton, en Beauce, Elzéar Perreault. Doris devient l'aîné d'une famille de 13 enfants. «On était pauvres comme Job sur son fumier bénissant le Seigneur, mais ma mère a compris que je n'étais pas fait pour travailler sur une terre. Elle a donc tout mis en œuvre pour que je fasse des études.»

De 1932 à 1940, à l'adolescence, Doris est pensionnaire au séminaire de Québec grâce à l'influence d'un vieil oncle curé, Pierre-Hubert Picard. «Je suis entré là avec de grands bas noirs et des espadrilles.» Ce sont parmi les meilleures années de sa vie. «J'ai adoré les prêtres. Je déteste le cléricalisme, mais ces hommes-là m'ont instruit, élevé, par charité. J'ai eu de bons professeurs qui m'ont fait aimer les matières, le français par exemple, pour lequel j'ai développé un amour total et passionné.»

De plus, il est bon élève, turbulent mais discipliné. Il joue au baseball, au hockey, au tennis. «Je vivais un conte de fées. Une vie sociale, un milieu intellectuel stimulant, un sentiment d'appartenance, de la compréhension, de la tendresse. J'étais heureux.»

Doris Lussier est sérieux à cette époque-là, il enseigne même la philosophie économique pendant 12 ans à l'Université Laval; il est secrétaire du père Georges-Henri Lévesque de 1943 à 1955; il se marie; bref, il a, en apparence, un destin de bon garçon.

Et puis: «J'ai souffert le martyre, j'ai cru que j'accouchais. En 1954, je suis devenu fou, cabotin; je suis devenu comédien.»

Il a dû choisir entre «les plaisirs de la chaire» universitaire et le métier de comédien «qui est la fausse aux lions».

C'est Gédéon qui a semé la zizanie. D'un personnage au début badin et léger, Doris Lussier, qui ne fait pas les choses à moitié, rend Gédéon attachant, authentique, indispensable. C'est Roger Lemelin avec *Les Plouffe* qui lui donne le coup d'envoi.

«J'ai donné une vérité à Gédéon qui n'est pas une caricature. Le personnage a sa vérité sociologique; il est farfelu mais vraisemblable. Et s'il est égrillard, s'il a les couilles bien accrochées, il n'est jamais grossier. Il y a des feuilles de vigne sur les mots. Gédéon est un homme responsable, c'est un père de famille, il a des valeurs et ne se prend pas pour un autre.» Doris ou Gédéon?

La joie du public, son amour. Une nourriture qui devient essentielle. Doris Lussier en parle comme d'une grâce.

À travers tout cela, le spectacle qui le mène aux quatre coins de la province, il y a la politique, un engagement philosophique total: «Comme citoyen, j'ai voulu m'impliquer. Et j'ai vite acquis la certitude morale que si le Québec ne fait pas l'indépendance, c'est la Louisiane à plus ou moins brève échéance.» Mais il y a aussi un engagement concret: en 1970 il se présente sous la bannière PQ dans le comté de Matapédia contre Bona Arsenault avec le slogan: «Il faut que Bona parte.» Il perd ses élections, conscient que lui-même et ses électeurs sont passés près d'une catastrophe.

Doris Lussier est présent dans les grands moments de notre histoire: près de René Lévesque le soir de la victoire de 1976, c'est encore lui qui lui remet son billet du tour du monde, au moment du départ du chef.

Il n'a pas perdu sa foi ni son optimisme. Au contact des êtres, des idées, il nourrit sa vie, son idéal, il y croit.

Doris Lussier a quand même aujourd'hui plus de temps pour la réflexion et il y plonge avec un plaisir absolu. Loin de ses livres, il s'étiole. À Fontainebleau qui est la grande paix, où il va de temps en temps, il s'ennuie après quelques jours. Cet hédoniste intellectuel tel qu'il se définit lui-même a besoin de rêver activement, de rester en mouvement. Ce n'est pas un contemplatif. Il ne veut même pas partir en voyage, sinon avec le confort total. Il n'est pas un extraordinaire mélomane, mais un amoureux de la chansonnette française: «La vraie, pas le rock qui est de la décadence. C'est du train et de la ferraille. Serrez vos chaudières. Et comme dit le père Gédéon, j'ai assez hâte que la musique revienne à la mode!»

L'abbé Pierre le fascine. «Incarnation moderne du Christ», affirme-t-il.

Et Dieu. Dès qu'il en aura terminé de son livre sur le résumé des citations sur l'indépendance il va s'attaquer à *La vie, la mort et Dieu.*

Il nourrit son hagiographie, étonné lui-même de la somme de travail accompli.

Et il se demande ce qu'on dira de lui quand il sera mort. «Car moi-même il est question que je meure un jour. Je ne veux pas faire courir à ma patrie le danger de me perdre trop tôt. C'est pour ça, tu vois, que Doris fait attention à lui.»

Cet être qui refuse de prendre quoi que ce soit au sérieux se défend d'être narcissique. Il a simplement besoin de croire qu'il est aimé.

·30·

Simonne Monet-Chartrand

Lundi 17 février 1992

**N.D.L.R. Simonne Monet-Chartrand
est décédée le 18 janvier 1993.**

Par la grande fenêtre de la cuisine elle jette un œil aux lilas, aux champs. Tous les arbres que Michel a plantés sont figés dans leur nudité d'hiver, gris, tristes, maigres. C'est que le printemps semble loin et dans le regard de Simonne Monet-Chartrand il y a un peu de désespérance.

Mais de courte durée. Elle fait le café en bavardant, reprend ses couleurs, son rire, le fil de son histoire. Une histoire de grande amoureuse de Michel omniprésent même en voyage, des enfants source de vie, de fierté, de pérennité. La rivière a quelquefois grondé, débordé, gronde et déborde encore, mais elle coule inlassablement.

Elle habite la dernière maison du village sur la rivière Richelieu, une retraite silencieuse et inspirante où elle écrit toutes ses histoires pour la postérité. Agir et transmettre, ses deux passions. «Quelqu'un à qui parler, c'est le fondement de toute mon orientation.» La fille unique dans la famille Monet a pris sur le temps et ses désirs d'enfant une douce revanche.

Aujourd'hui, elle se souvient qu'il y a 50 ans, le chanoine Lionel Groulx l'unissait «pour le meilleur et pour le pire» à Michel Chartrand.

Hier, on l'a honorée pour son travail de pacifiste au sein des Artistes pour la paix.

Animatrice sociale, conférencière, écrivaine, elle a 72 ans.

On peut l'imaginer en 1942, étudiante et engagée, jeune épousée, la jupe dansante et fleurie, le chapeau de paille protégeant un regard fervent. Elle «tiendrait son bout» avec Michel, volontaire et entêtée. Plus tard, elle dirait à Micheline, sa première enfant: «Ferme tes yeux et sens les fleurs.»

Paroles et mémoire

Revenons à Richelieu: «Ici, la neige est blanche, le gazon est vert», assure la romanesque Simonne, qui a choisi d'élever ses enfants à la campagne. «Quand t'es pauvre tu veux donner le meilleur aux enfants et le meilleur, c'est les saisons.»

Organisée, travaillante, vaillante comme toutes les mères avant elle, Simonne Chartrand a élevé sept enfants qui sont grands maintenant. Entre les couches et les nuits blanches, les séances de raccommodage et les leçons, les amours enfantines et les Noëls à préparer, elle a trouvé le temps, elle a eu le goût toute sa vie, de s'impliquer. Socialement. À l'école. Dans les groupes de femmes. Dans l'écriture.

La maison témoigne d'une vie familiale passée et présente remplie: dessins des petits-enfants, photos d'hier et d'aujourd'hui, livres et albums, «11 bibliothèques dans la maison». La table de travail de Simonne jonchée de notes devient, au retour des enfants, pour les grands jours, à Noël par exemple, table des agapes. Et la véranda attenante recèle dans des dizaines de boîtes de carton des documents et notes de toute une vie. Car elle écrit sur tout, conserve tout.

Pédagogue éternelle, Simonne regrette une certaine époque: «Le salon, la table, c'était pour se parler. Aujourd'hui, on regarde la télévision. Et on s'étonne que les couples ne se parlent plus, que les enfants n'ont plus de place.» Elle a mis depuis toujours la conversation au menu de son quotidien. Tout est présent dans sa mémoire active: les anniversaires, les dates importantes. Elle souligne et félicite, critique. Au téléphone, en petits mots, peu importe le moyen. Des amis s'étonnent de la savoir si près alors qu'elle est si éloignée physiquement. «Il faut connaître les gens, les aimer et leur dire. Prendre le temps d'une déclaration, d'un mot d'amour. Le temps de dire que la soupe est bonne.»

Sa sensibilité est à fleur de peau. On la dirait petite fille avec ses mimiques attendrissantes, cette façon qu'elle a de séduire, unique et suave, ses grands yeux qui s'étonnent et interrogent toujours.

On doit la suivre dans son récit, rigoureuse, tenant à distance le mensonge et l'hypocrisie. «Franchise ne veut pas dire méchanceté», précise-t-elle. Il faut voir comment elle tient son interlocuteur captif: elle fait 100 parenthèses, chacune a sa place, son importance, chacune est une histoire. C'est qu'elle veut tout dire, se retenir en même temps, nous faire entrer dans sa vie de femme, de mère, d'écrivaine, où toutes les passions s'entrecroisent. Mais que dire de ses silences plus éloquents encore?

«Fais à ta tête.»

Née en 1919, à Montréal, Simonne Monet a eu un père avant-gardiste qui lui a permis bien des choses, dont le droit de s'exprimer et de poser des questions. Toutes les questions. Il se réjouissait d'avoir une fille intelligente, curieuse. Et puis, il lui a transmis ce message: «Si tu t'occupes de l'opinion publique, de la voisine, la belle-mère, le curé, le ministre, t'arriveras jamais à réaliser ce que tu es vraiment. Fais à ta tête.»

La fille de juge a usé de son droit de réplique toute sa vie. «Pour moi, le ‹Fais à ta tête› a signifié la liberté.» Effrontée? Michel Chartrand a pu le penser quand il l'a rencontrée la première fois en 1939. La jeune fille n'avait rien d'une jouvencelle de province, rien d'une mijaurée. Un milieu familial privilégié mais une conscience aiguë de l'injustice et de la pauvreté. Marquée par son père, influencée par lui, elle a conservé une admiration attendrie pour cet homme de droiture.

De sa mémoire surgissent bien des images et des miroirs. Est-ce la douce maison remplie d'émois ou le silence des enfants partis, du mari absent? Toujours est-il qu'elle voudrait saisir l'eau qui coule, la retenir. Comme le temps.

«Ce qui m'étonne le plus, c'est de constater qu'on ne s'améliore pas en vieillissant. On n'est pas plus sage. J'avais espéré pourtant...»

On n'emprisonne pas Simonne, on ne la contrôle pas. Elle ne supporte pas la domination. En dépit des ratés, le corps va suivre. Si on veut qu'elle ralentisse son activité, si le médecin veut calmer cette arythmie cardiaque, elle s'insurge: «Ma chouette, je vais mourir quand j'aurai décidé de mourir! De toute façon, je n'ai pas le temps. Il me reste des livres à finir.» Il y a déjà, sur sa table, plusieurs manuscrits en quête d'éditeur.

Elle a donc des réserves d'énergie. Se soigne avec l'acupuncture, ne boit pas, ne fume pas, est presque végétarienne. Lit de la poésie. Écoute de la musique, «ma meilleure amie depuis toujours». Elle aurait aimé être pianiste.

Levée tôt, la musique l'accompagne dès le matin, remplit ses «zones de silence». Elle petit-déjeune et ouvre son courrier. C'est son cordon ombilical avec le monde, conversation continue et coups de cœur épistolaires; la découverte du contenu d'une lettre ou d'un colis lui fait battre le cœur comme quand elle était jeune, au couvent. Et après, elle fera cinq heures de travail d'écriture. À la main.

Si une visite lui donne l'occasion d'une conversation intelligente, elle est ravie. Si le courrier lui apporte une invitation à un événement, elle est enchantée. Si elle a trouvé le mot juste dans une phrase, elle exulte.

Pour un plein bonheur, elle doit maintenant attendre le bouillonnement de la rivière qui annonce le printemps.

Mais écrire, parler, discuter, être «pour»; ne pas sabrer dans l'idéal, voilà déjà de grands débordements. À poursuivre.

Simonne Monet-Chartrand va encore faire à sa tête.

-30-

Lise
Payette

Lundi 13 janvier 1992

C'est un autre moment de sa vie où Lise Payette est en plein débordement d'affection. Ravie d'être gaga, elle se fiche bien du qu'en-dira-t-on. La passion est là, vive et irraisonnée. L'objet de son désir? Sa petite-fille de quatre ans, Flavie, remplie d'avenir et de tendresse. «Nous vivons une relation d'amoureux. Actuellement, elle ne veut pas me voir, elle ne veut même pas me parler! Elle sait qu'elle me fait de la peine», dit une grand-mère au bord du rire. Car elle sait bien, au fond, que tout cela n'est qu'un jeu.

Consciente du temps qui passe, c'est une enfance qu'elle veut vivre intensément et qui la ramène à la sienne, sans doute.

Elle a toujours eu de la difficulté à parler de sa jeunesse. Lise Payette réalise pourtant qu'elle a, à son insu, livré bien des confidences à travers l'écriture de *Marilyn* et de *Montréal ville ouverte*. «Étrange. Je pensais pouvoir écrire toujours de la fiction absolue. Je croyais que la matière accumulée par-dessus mon enfance suffisait à alimenter mes personnages. Voilà que je suis allée fouiller dans mes souvenirs, en faisant dire à Marilyn des choses que ma mère, femme de ménage, avait déjà dites. Voilà que *Montréal ville ouverte* m'a remise sur les pistes d'un passé que je ne pensais jamais revivre.»

La mémoire complice.

L'écriture est un métier solitaire pour une femme si publique. Mais elle lui permet de communiquer; sa principale et fervente activité, avec celle de défendre les femmes.

Parler, écrire, réfléchir. «J'ai beaucoup moins de certitudes maintenant que ma grand-mère en avait à mon âge. En fait, je suis heureuse d'être moins sûre de mes réponses, j'ai encore tellement de questions à poser!»

La soixantaine met tout en perspective.

«J'ai peur de manquer de temps.»

Daniel, Sylvie, Dominique, Flavie et les autres

Je suis entrée dans l'antre de la lionne. Elle me permet d'en faire le tour en ayant au préalable jaugé jusqu'où pouvait aller sa confiance. L'œil est sombre mais vif et fouineur, attentif; impossible d'y échapper.

Peu de gestes. La mobilité chez elle n'est pas corporelle, elle vient de plus loin, derrière les cils, dans un demi-sourire. Une nature un peu «chinoise», polie, imperturbable. Force tranquille. Dure comme une guerrière et pourtant douce, fragile. La tension est bien présente, camouflée certes, mais plus forte désormais.

À cause de «ce monde qu'on va laisser et qui n'a aucun sens», de ce nouveau monde où Flavie devra faire preuve d'imagination, de créativité et surtout de courage.

Lise Payette

«Je me sens coupable face à cela. Est-ce que j'aurais pu faire davantage? Est-ce que la part que j'ai apportée a été suffisante? Est-ce que j'aurais pu faire en sorte que l'héritage leur soit moins lourd? Les jeunes vont devoir réinventer le monde. Ils sont intelligents, j'ai confiance. Quelque chose en eux va leur donner le goût de balancer le désespoir, de se retrousser les manches et d'aller plus loin que nous. Avant, je me disais que je ne voudrais pas vivre cela. Et pourtant, aujourd'hui, j'aimerais peut-être avoir 15 ou 16 ans. Ce pourrait être une belle époque aussi, celle qui vient après nous.»

La tendresse et la liberté

Tendresse: le mot est naturel chez elle. Elle en a fait une règle d'or, «un lien plus solide que tous les contrats du monde», une valeur qu'elle a transmise à ses enfants. Et trois autres règles qu'elle juge fondamentales: savoir conduire, nager et repérer la sortie. La liberté, les moyens de la pratiquer, l'art de tourner la page.

Deux hommes ont marqué sa vie. Celui qu'elle a épousé à 20 ans et qui est le père de ses enfants. Celui de l'âge mûr, complice et tendre amour quotidien. «L'important pour se tirer d'affaire est d'être prêt à négocier la vie en commun, mais le faire avec humour sinon on est cuits. On ne tombe pas en amour si souvent dans une vie, on n'a pas tellement d'amis profonds pour se permettre d'en perdre sans que cela fasse très mal. Je suis chanceuse, ce n'est pas arrivé souvent.»

Lise Ouimet-Payette est une citadine. Ses racines plongent dans le béton de Verdun jusqu'à 20 ans, l'âge où elle se marie. Elle aime l'animation des cafés, la liberté de sortir, de voir des amis, le plaisir. Elle veut avoir accès aux conversations, aux réflexions à haute voix.

Ce qui ne l'empêche pas de voyager. En Chine, où elle est allée deux fois, un choc: «J'ai découvert l'autre moitié de la Terre» et il est peu de jours où elle ne correspond pas, tout au moins en pensée, avec ce peuple qu'elle a appris à admirer.

La lecture est sa nourriture quotidienne. Une boulimie. Et pas toujours positive. Elle n'a jamais pu terminer, par exemple, *Le monde selon Garp*. John Irving a été incapable de la séduire au cours des 20 premières pages!

Les femmes de sa vie, ses «petites fées» mère et grand-mère, l'ont profondément marquée. Le père n'était pas beaucoup là, occupé à sa vie difficile de chauffeur d'autobus. La fille se payait des séances interminables de cinéma avec sa mère, qui pour le reste était une avide lectrice, une femme énergique et libérée «qui a décidé que deux enfants c'était tout ce qu'elle pouvait élever».

La petite fille également apprenait tout de la vie et des êtres auprès d'une grand-mère: «Qui avait pris sa vie en main. Qui montait à l'étage pour accoucher et redescendait préparer le repas. Qui a avoué un avortement et a quitté l'Église parce qu'un prêtre lui a refusé l'absolution.»

Elle veille encore sur sa petite-fille, bien des années après son départ; Lise Payette y croit, sans être une fervente d'aucune religion. Sa spiritualité la mène pour l'instant vers les belles choses, vers la vie simplement, avec Flavie comme guide, qu'elle voudrait voir «sortir de l'université». Le temps, valeur suprême.

Ni bas de laine ni dépensière, Lise Payette assure que la pauvreté l'a marquée au point de lui laisser une certaine «peur d'en manquer». Mais elle n'amasse rien, ne croit pas aux héritages et préfère, philosophe amusée, «tout donner quand on est vivant et rire quand on est mort!»

Pourquoi lui prête-t-on un mauvais caractère? Elle se lève pourtant toujours de bonne humeur, ravie d'entreprendre le nouveau jour, curieuse et enthousiaste. Si elle peut tuer de quelques mots cinglants, elle s'en repent bien vite et c'est rare. La bêtise seule lui fait voir rouge. Tous les entêtements, «pires que les erreurs», ceux des gouvernements notamment.

Elle est consciente des mythes, des envies et questions qu'elle suscite. «Tout a l'air facile pour moi. J'ai bien eu quelques échecs, mais ils n'ont pas été retentissants. Je suis seule à les connaître. Mais si on savait combien je travaille! Combien je suis conciencieuse! Je ne tiens rien pour acquis et je vais jusqu'au bout.»

Elle se connaît très bien: «J'ai fait le tour de mon jardin.» À ce rythme-là, elle ne vieillit pas et n'a pas envie d'aller sur la Lune «puisqu'il y a encore tant à faire sur la Terre».

Une des choses importantes à changer sera l'école, pour «qu'elle nous rende les enfants qu'on a faits correctement». Autre responsabilité de sa génération, affirme-t-elle, «on veut une retraite différente».

Au 15e étage d'un immeuble, quelque part à Montréal, vit une lionne. Elle a une petite-fille à qui elle réserve une chambre et une belle histoire d'amour.

Il y a fort à parier qu'ensemble elles vont changer le monde.

·30·

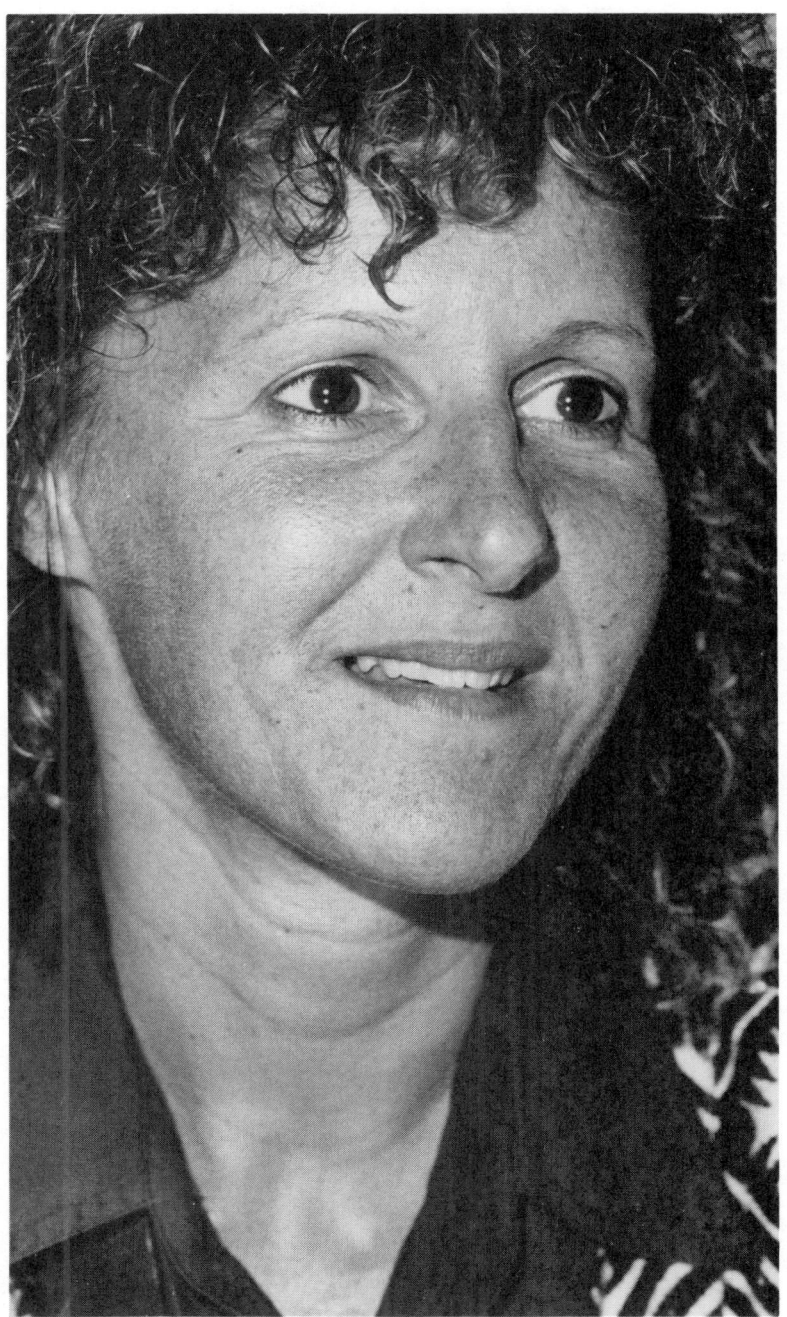

Lorraine Pintal

Lundi 14 septembre 1992

S a vision du monde est assez optimiste pour jeter bas tous les mauvais esprits. Elle s'entoure du reste d'angelots de plâtre, répliques des grands protecteurs invisibles de notre enfance. Mais l'ange, c'est aussi la douceur, le rêve: «Les anges m'apaisent.»

Car elle est abasourdissante. Elle apparaît comme une force de la nature. Rit, réagit, rugit.

Lorraine Pintal, c'est tout un caractère, rempli d'images, d'idées. Silhouette juvénile, les cuisses moulées dans un short de cycliste, elle mène ses jours, ses passions, ses rendez-vous tambour battant. Visage mobile, nu, le regard direct. Mains aux doigts fins et nerveux qui ponctuent en gestes calculés la pensée, disciplinent une parole emportée. Un rire profond dans une voix profonde.

Elle a une manière d'exister tout à fait heureuse.

Lorraine Pintal donne ses 40 ans de vie aux 40 ans du *Théâtre du Nouveau Monde* pour le diriger, l'animer, lui insuffler un nouveau dynamisme. Un théâtre de tous les instants, tête et cœur réunis. Cette femme croit que cet art est «un contact intime avec nous-même qui nous empêche de nous perdre, un miroir.»

Plan quinquennal

Tous les cinq ans, il lui arrive quelque chose d'important. Tous les cinq ans, sa vie prend une autre direction. Des étapes qui sont comme des marées. Est-ce «un jeu de l'amour et du hasard»? La destinée, les choses qui viennent en leur temps.

S'est-elle dispersée? Elle a beaucoup travaillé au cours des années, saisissant à la volée des rôles au théâtre, à la télévision ou ailleurs, et d'autres dans la vie. Sans compromis majeur, à faire toujours ce qui lui plaît mais avec passion. «Privilégiée, chanceuse, assure-t-elle. Je ne sais pas qui remercier. Merci! Merci, la vie!»

Elle a été inquiète, entière, hyperactive. Boulimique de travail, comme si la vie n'était qu'un temps trop court. «Peur de me sentir inutile? de ne pas pouvoir réaliser les désirs, les ambitions? Je suis habitée par tellement de choses!» En début de quarantaine, la voici plus sereine. Et puis, il y a Maude, huit ans, sa fille qui met en scène d'autres réalités riches. Et maintenant, le TNM «qui me donne enfin l'occasion de me concentrer sur une tâche, de jouer un rôle dans la société».

Organisatrice, animatrice, elle prend spontanément le *leadership*: «Je suis de la race des Baden-Powell», dit-elle en riant, une école de discipline et de vie qu'elle n'est pas prête à renier. La cheftaine n'a cependant aucun don pour le maternage, ni pour sa fille ni pour les acteurs. Rassembleuse, elle recherche plutôt l'échange, la circulation d'énergie. Elle s'en nourrit. L'enfance est un monde riche, les acteurs aussi.

Elle s'amuse sur cette grande scène de la vie. Décisions rapides, coups de tête, coups de cœur. À la limite de la réflexion. Impulsive, intuitive. Répondant à ce qu'on attend d'elle. Et pourtant: «Pour les décisions domestiques, personnelles, je suis d'une lenteur de tortue, d'une telle indécision que mes amis se désespèrent.»

Les amitiés vraies ont retrouvé une place importante et elle se réjouit de ses échappées dans d'autres mondes que celui du théâtre. Habituée au travail d'équipe, à suivre son rythme, la vie de couple traditionnelle est plus difficile: «Je n'ai pas la vocation amoureuse. L'art prend beaucoup de place dans ma vie, c'est un amant dévoreur.»

De l'agitation, du mouvement perpétuel dans le travail. Et en même temps, reprendre son souffle, retrouver dans des moments de solitude, rares mais indispensables, les petites voix intérieures, le lien intime avec elle-même. C'est l'un des secrets de sa force.

Une enfance à la campagne

Son père agronome était un peu météorologue. Il savait les mouvements des nuages et la direction des vents. Comme lui, elle est restée sensible aux saisons et se laisse guider par la lune. Elle suit ses cycles. Fille des marées, de flux et reflux, ses humeurs sont en conséquence.

Sa mère, Anne-Marie Bélanger, aurait voulu être chanteuse. Lorraine aussi. Chansonnier, plus précisément. Elle suit des cours de musique: guitare, violon. Mais son inconstance est éloquente et la force à suivre d'autres pistes. Avocate? Peut-être. Mais à 12 ans, la vocation se précise elle veut être comédienne.

Née à Plessisville, elle passe la majeure partie de son enfance à Granby. Il y a quatre enfants dans la famille Pintal. «Je suis la plus jeune des filles, la troisième. J'ai beaucoup joué au baseball, jusqu'à l'arrivée de mon frère.»

C'est une nature courageuse, elle n'a peur de rien, sauf des rats et des souris. Elle avait, à la naissance, une tache que le médecin a qualifiée de «peau de souris»: sa mère, enceinte, affolée, en avait une sur le dos.

Attirée par ces mystères, «je m'invente parfois un processus d'âme», mais pas par tous, «j'aimerais bien croire à la réincarnation, mais...» Après avoir, pendant les 12 premières années de sa vie, respecté à la lettre les diktats de l'Église, petite fille pieuse, à la messe tous les matins, la voici qui explore d'autres voies et découvre qu'«un enfant est sans doute une façon d'atteindre l'immortalité, d'assurer la suite, la continuité; le peu que je fais sur Terre est repris par quelqu'un d'autre». Elle est contemplative. Elle croit. Vie et mort. Et encore émerveillée par la messe de minuit où sa mère chante. «Mais le reste... plaisir, péché, punition... ils nous ont eus à l'os.»

Le théâtre, lui, est éphémère: «Rien ne persiste du théâtre que le souvenir. C'est la mémoire qui nous redonne la pensée des Anciens.» Mais la télévision comme l'écriture sont des magies immortelles, «des images imprimées qui ne changent pas».

Les personnages de femmes, et particulièrement celles qui affichent l'aura de l'intelligence et de la sensibilité réunies, la fascinent. Elle aime les rôles de reines, femmes altières et complexes, vivant la dualité de l'autorité. Mais elle croit surtout à la responsabilité du comédien: «On n'a pas le droit de dire n'importe quoi sur scène. On est des phares, des guides, on a un rôle social.»

Elle ne veut pas être une jeune fille rangée. Et conserver un peu de ce qu'elle a vécu entre 16 et 25 ans, cette folie, ces excès, ces découvertes précipitées et soudain cette sensation d'avoir tout vécu. «On revient à des valeurs conformistes, il faut bien assurer des assises à sa vie, mais pas trop. Heureusement, il y a le métier, c'est organique, qui nous insécurise tout le temps, complètement.»

Entre quelques concertos brandebourgeois, une chanson de Brel ou de Barbara, elle ne résiste pas à l'émotion de la beauté. La peinture l'atteint en plein cœur.

Si ses passions sont vives, sa vie est sous contrôle. Rien ne lui échappe. Et il faut la saisir au vol pour la tenir captive. Mais pas trop longtemps ni trop fortement. Elle a besoin d'espace et de temps pour laisser échapper tout ce qui mijote en elle.

·30·

Jacques Proulx

Lundi 30 novembre 1992

De retour de Saskatoon, de Paris, de Rome, de Bucarest ou bien d'ailleurs, Jacques Proulx retrouve avec des plaisirs différents sa ferme de 410 acres dans son village des Cantons de l'Est, ou l'animation de la rue Panet en plein «village» de Montréal. Là où il est bien il prend racine.

Des vallons au béton, le président de l'Union des producteurs agricoles est un heureux déraciné. Il aime autant les 550 habitants de son village que les 46 000 membres de son organisme. Il arpente avec la même ardeur ses pâturages et les trottoirs de Montréal.

Armé jusqu'aux dents pour combattre l'injustice, premier aux barricades, Jacques Proulx est de toutes les luttes. Contestataire, travailleur acharné, fier et dur, il refait le monde, chaque jour, sans coup férir. Mais cet avaleur tout rond de politique est d'abord et avant tout un boulimique de bonheur. Et comme Obélix: «Je suis tombé dedans quand j'étais petit.»

Semeur d'espoir. Peut-on imaginer cet élégant paysan, négociateur aguerri qui ne met pas de bornes à son champ ni à sa vie, préoccupé d'avenir et de survie pour l'agriculture, promouvoir le bonheur? En quête pour lui-même et pour les autres de bonheurs simples mais les plus grands possibles? «Il faut être amoureux. Je dis ça à mon monde. En politique aussi. Sinon, c'est terne, c'est mauvais et ça ne correspond pas aux aspirations d'un peuple. Les meilleurs hommes politiques sont des amoureux. On doit tout faire en état d'amour, même quand on est dans la misère.»

Le paysan Proulx

Des yeux bleu ciel, une voix profonde, des gestes rares, calmes. Une force tranquille. Terrien: «Le plus beau mot de la langue française.»

«Je suis un paysan» est une déclaration de paix. C'est aussi pour lui le fondement de toutes ses luttes, de tous ses rêves. C'est une fierté portée haut comme un drapeau. Une profession de foi. La terre le nourrit, l'anime. Et il ne donnerait pas la plus petite parcelle de son avoir, terre, moutons ou vaches, pour un empire. Héritier d'une tradition. D'une continuité. D'une responsabilité.

Pleine ville ou pleine campagne. Pas de demi-mesures. Et pleine action. «On ne peut pas, on ne doit pas vivre à moitié.» Il a connu les longues heures de la ferme: les labours, les fourrages, la traite, les veaux, les agneaux, il connaît les longues heures de bureau: les réunions, les conseils d'administration, la politique, les tempêtes et les intrigues.

À 53 ans, une foi inébranlable en l'homme, beaucoup de saisons derrière lui et pourtant la même émotion devant les forces vives de la nature:

«De ma maison à l'orée du village, je vois la forêt. Sa mort à l'automne, comme figée. Et puis soudain l'entrepreneur de pompes funèbres qui enlève le cadavre et va l'embaumer. La neige, qu'on attend le plus tard possible parce qu'on a beaucoup d'ouvrage, arrive pourtant, recouvre la laideur; une chaleur hivernale s'installe qui protège la vie du sol, l'habille. C'est essentiel, sinon il subit des dommages.»

«Et puis un matin tu te lèves c'est plein de bourgeons. Du jour au lendemain c'est passé du gris au vert. Et naissent des odeurs nouvelles. Un moment de grande émotion. C'est la fin de la mort. Mais pour qu'il y ait ce printemps, il faut l'hiver, le repos, l'hibernage, ça prépare le décor à venir. Et le matin quand l'été arrive, ça s'enseigne pas, ça se sent. C'est là.»

La loyauté se meurt

Ses fonctions l'ont amené aux quatre coins du monde. Et souvent le courant passe, une osmose se crée entre paysans engagés, humanistes, il se fait des amis.

Au «village» en ville, au village à la campagne ou dans des contrées lointaines, l'amitié porte des fruits immenses. L'influence. Le grandit. «J'aime les gens qui ont des excès, des passions.» Et à la vie à la mort, ce qui est semé en son cœur reste inébranlable. On ne doit pas critiquer ni ses amitiés ni ses amours, il se révèle alors baroudeur. La loyauté est sa seule exigence, «un problème dans notre monde qui ne reconnaît plus cette valeur-là».

D'une certaine violence verbale qu'il admet, le président de l'UPA s'est tout de même discipliné avec le temps, ayant compris que la colère pouvait lui faire plus de mal à lui qu'aux autres. Mais quand ça louvoie, ça politicaille, quand ça fait trop attention, il sent son sang qui bouillonne. «Je suis très tolérant, mais si la coupe déborde!...»

L'absence de projet de société, «des hommes politiques qui n'ont ni courage ni vision; un seul dieu vénéré, celui de la colonne des profits», malmènent son idéalisme. Il réagit.

Pour cet homme qui veut refaire continuellement le monde, il y a fort à faire. D'abord, remettre dans leurs sillons les valeurs qui avaient pris la clef des champs. «Il faut revaloriser une multitude de choses, le travail notamment, afin d'aider les jeunes.»

Enfance rurale

Il se souvient avec nostalgie des Rose de Virginie, Agnès de Bohême, sœur Josephat. Des sœurs de l'Assomption, pédagogues au dévouement indéfectible qui ont compris qu'en cet enfant du village qui leur était confié dans les années 40, il y avait du potentiel.

Aîné d'une famille de quatre garçons, il a une mère contestataire, féministe avant l'heure et... fumeuse. Elle est fille de cultivateurs, son mari est fils de cultivateurs. La terre se lègue, s'achète, se cède entre eux. Dur labeur, mais récompensé. Jacques Proulx, premier-né d'une lignée, est choyé. Parallèlement à la culture de la terre, les hommes, dont son père, cultivent la passion de la politique et l'organisation. Et l'enfant Proulx vit entouré de «bleus».

Il fréquente l'école du village. Après la neuvième année, il suit un cours d'électronique, exécute de menus travaux ici et là, mais chaque fois la terre le ramène à elle. Marié à 21 ans. Père de 2 fils. Un petit-fils. «On peut rêver? Mon petit-fils, qui gère le bien familial, le protège et l'enrichit. Ce serait extraordinaire. C'est un milieu où on peut réfléchir, avoir du bonheur, être calme. Autant d'éléments réunis pour être heureux, ça ne se trouve pas partout.»

Sa sensibilité s'offre quelques larmes, sans honte. Il est sentimental et conserve des tas de souvenirs. Il n'écrira pas ses mémoires, «je suis un verbal».

Mais la voix se casse. Malgré les coups du destin, quelques échappées dans le malheur. Jacques Proulx a fait la paix en lui-même, sublimant la souffrance secrète, foulant au sol les bêtes noires. Pacifié malgré tout.

Il croit au ciel, mais pour ce qui est de l'enfer, «personne ne mérite d'aller là». Il rêvait, jeune, de devenir jésuite, «des intellectuels, des grands seigneurs» qu'il admirait. Mais cette envie de devenir prêtre était fragile: «Ça m'intéressait parce que je trouvais qu'ils ne faisaient rien», dit-il en riant.

Au fond, c'est clair et c'est éternel: «Je n'ai jamais rêvé d'autre chose que d'être paysan.» Il ne trouve rien de mieux à faire que de vouloir changer le monde et de défendre son rêve de toutes ses forces.

·30·

Andrée Ruffo

Lundi 7 octobre 1991

Madame la juge connaît son discours par cœur. Par le cœur. Elle prend la parole devant un auditoire captif dès les premières phrases. Et de leurs yeux à sa voix, la passion.

Elle raconte comment vivent certains enfants:

«Un adulte cocaïnomane est un malade. Un enfant cocaïnomane est un délinquant.»

«Ce sont nos enfants, pas ceux des autres.»

«Il faut les entendre. Entendre leurs cris, leurs peurs, leurs rêves. La parole n'est pas le seul langage chez l'enfant.»

«Ils sont souffrance. Ils nous disent: ‹Je suis infiniment malheureuse quand je passe la nuit dans le lit de mon père, quand j'attends de savoir avec quel parent je vais aller.»

Comme les vagues de la mer, en flux et reflux, les mots scandent les images des enfants de sa vie, de son expérience. Madame la juge Ruffo ne met pas de ponctuation à son discours, ni de nuances du reste. Elle ne reprend pas son souffle, ne bouge pas. Elle transmet une émotion et l'effet se maintient, à peu près insupportable, dans une salle où plus rien ne bouge. Quand elle se tait, enfin! l'auditoire, des hommes en grande majorité, applaudit à tout rompre. Certains pleurent.

«Le but n'est pas de faire pleurer, confie Andrée Ruffo, quelques jours après cette conférence devant les membres de la chambre de commerce de la Rive-Sud. Si on veut changer une situation, il faut d'abord faire un constat, c'est mon rôle. Et s'il n'y a qu'une seule personne de temps en temps qui décide de faire quelque chose pour les enfants, l'objectif est atteint.»

Ce discours-là aurait pu avoir raison d'elle depuis longtemps. Car certains de ses pairs ne la ménagent pas. Mais Madame la juge a de la suite dans les idées et ne renonce pas. Elle n'est ni aigrie ni amère.

Les difficultés ne la rendront pas plus aimable ni moins lucide: «Je ne veux pas me laisser distraire et changer de discours. Je ne prends pas cette cause pour être aimée, ni pour me faire connaître, ni pour être vue. J'aurais choisi autre chose. Et j'aurais commencé avant ma presque cinquantaine!»

Andrée Ruffo. Féroce et douce en même temps. Une lionne de 50 ans. Sa vie est une longue route tracée d'avance, naturelle. «Avec du bonheur chaque jour.» Une destinée à laquelle elle a été fidèle sans se faire violence. Toute petite déjà, elle voulait être avocate. Et le goût des enfants vient de sa propre enfance douce, heureuse, comblée, protégée.

Elle a gardé une seule tristesse des premières années de sa vie: un surplus de poids qui, à ses 10 ans, faisait d'elle une «grosse» petite fille. En dépit de parents fous d'elle et qui la trouvent belle, elle n'arrive pas, même pas maintenant, à se libérer de cette image négative. Ne lui dites pas qu'elle est belle, elle n'y croit pas.

«Alors, j'ai voulu être fine, puis bonne à l'école. Pour compenser. Pour être aimée.»

Ruffo, un nom français, aristocratique, «une branche italienne et une anglaise aussi», un grand-père «très comme ça», pauvre mais cultivé, arrivé au pays avec bagages et enfants à 19 ans. Un comte. Un conte. «Il y a un brin de folie dans cette découverte des racines, du passé, de ce que je suis, des rêves finalement.» Et le château existe encore quelque part à Aix-en-Provence. Et la cousine Paola, qui est princesse en Belgique. Andrée Ruffo raconte cette belle histoire avec en même temps l'envie de la taire. Pour ne pas une fois de plus prêter flanc à des détracteurs, ennemis de tous poils. Fragile.

L'amour des arts et le sens de l'honneur, du travail bien fait; son père, contracteur, hôtelier, se fait fort de transmettre ces valeurs à ses enfants. C'est un peu pour lui, qui fouine dans des codes juridiques comme d'autres dans des bibles, qu'elle veut devenir avocate. Et la mère, une Goyer, issue d'une grosse famille de cultivateurs, élève ses enfants dans la tendresse et la gaieté tout en collaborant étroitement à l'entreprise familiale. Andrée est la deuxième de la famille. «On ne demandait jamais de permission aux parents. On disait. La confiance était là. On ne trichait pas chez nous. De l'argent plein les poches, une vie confortable, mais aussi l'obligation de travailler, de réussir. Et solidaires.»

Chez les Ruffo, il y avait une règle: tous les enfants devaient avoir un diplôme terminal qui leur permettrait de travailler en cas de coup dur. Elle «tombe» en amour en première année de droit. Alors, elle s'oriente autrement et obtient un bac en pédagogie. Et se marie. Elle a un fils, Michel, qui a 26 ans aujourd'hui. Elle voulait une famille nombreuse, mais le sort en décide autrement. À 28 ans, les médecins lui confirment qu'elle ne peut plus avoir d'enfants.

«J'ai donc repris mes études de droit et je suis allée chercher une maîtrise à l'éducation aux adultes pour travailler auprès des enfants. Je suis une vocation tardive.»

En dehors de la cour, du bureau, son lot quotidien, elle vit dans un décor que son père qualifie avec tendresse de fouillis, qu'elle a créé au fil des années, ensemble de meubles et d'objets résolument vivants, chaleureux, qui lui ressemblent. Elle reçoit au petit matin avec des confitures maison, des croissants qui fument, une nappe brodée, des fleurs partout. Sur un mur, d'autres fleurs, peintes celles-là, signées Andrée Ruffo.

Grande romantique, elle conserve tout: les fleurs séchées, les cheveux de son fils bébé dans un cadre, les dentelles anciennes, des photos de bonheur, les lettres d'amour: «Le but de ma vie était d'être en amour, amoureuse d'un homme qui m'aime, que j'aimerais toujours.»

Elle privilégie les amis, elle aime leur mijoter de bons petits plats, et la famille. La sienne est une source inépuisable de douceurs et de gaietés.

Mélomane passionnée, «indispensable musique», elle lit aussi au moins deux livres par semaine: biographies, histoire. Elle revient aux enfants qui ont eux aussi une histoire: «Un enfant ne naît pas quand on le rencontre. Il a un passé qu'il est important de connaître avant de rendre jugement.»

C'est dans sa maison qu'elle se sauve des rigueurs de son métier, des écorchures des autres, qu'elle refait le plein d'énergie. C'est ainsi qu'elle se retrouve en elle-même, laissant libre sa crinière blonde, abandonnant la toge pour le jean et le pull en cachemire.

«J'aime vieillir. Les choses se bonifient en moi, j'arrive à un meilleur équilibre entre compréhension et compassion qui ne veut pas dire tolérance. Je m'aime mieux aussi, aussi exigeante mais moins autodestructrice. J'ai plus d'allure qu'avant», dit-elle en riant.

Malgré tout ce qu'elle sait des enfants, de leur misère et de la nôtre, elle aurait pu ne rien dire. Mais elle est comme un livre ouvert. Pour eux, pour elle. «Je grandis avec eux.»

«La justice est une histoire d'amour. Si on n'aime pas profondément les gens pour qui on rend des jugements, ce n'est plus de la justice. L'objectivité, c'est de l'amour. Mais tout le monde ne comprend pas. On vit dans un monde où il devrait pourtant être permis d'être différent. Et d'exprimer notre amour, notre confiance, nos espoirs de la façon qui nous convient. Il n'y a pas qu'un seul discours.»

«On ne peut avancer sans prendre des risques.» Intuitive, instinctive, mais rationnelle. Elle s'exerce à démasquer le mensonge, c'est évidemment son rôle de juge, mais sur le plan personnel, elle reste vulnérable. «Je me fais écorcher parfois mais si, en prenant 100 risques, j'ai la chance d'avoir quelques vraies rencontres avec les gens, je trouve cela merveilleux.»

·30·

Marcel
de la Sablonnière

Lundi 23 septembre 1991

S on apparition provoque une émeute. «Des biscuits, Marcel, des biscuits!» Le père de la Sablonnière est littéralement pris d'assaut par des petits, ses enfants, garçons et filles de toutes les couleurs. «Oh! Yannick! Oh! Jade! Comment ça va, Marie-Claude? Mylène, Sophie, Simon?» Ils sont plus de 200 à la garderie; il connaît les histoires de famille, il peut identifier les fratries, il ne tarde pas à connaître les nouveaux. Les mains tendues vers eux, de longs doigts fins, nervurés, qui caressent une tête, pincent une joue. «Laissez venir à moi les petits enfants.»

Son bureau au Centre Immaculée-Conception, sur le même étage que la garderie, à une porte de la pouponnière, est une maison encombrée, une caverne d'Ali Baba d'où émane une odeur âpre de vieux cigarillos, fumés en cachette. C'est son havre; il est là à 7 heures le matin et ne le quitte que tard le soir pour aller se réfugier dans une chambrette du presbytère de la paroisse. Entre-temps, il a peut-être dit la messe, lu un peu son bréviaire, petit-déjeuné avec un homme d'affaires, dirigé un conseil d'administration, signé des chèques, reçu un miséreux, répondu à 1 000 appels.

Il suffit de mettre le père sur une piste; il a la mémoire vive. Des noms, les anciens comme les nouveaux, mais aussi des dates, des événements qui ont jalonné sa vie depuis 40 ans comme maître d'œuvre, âme et gouvernail du Centre mais aussi de l'*Auberge Le P'tit Bonheur*.

Et, par conséquent, son verbe est souvenirs.

Mais avec une adroite élocution trahissant sa longue habitude des sermons et des médias, ce diable d'homme veut tout cacher de lui-même, et l'être secret, pudique, nous échappe sous une tonne de diplômes, trophées, médailles, y compris l'Ordre du Canada et l'Ordre national du Québec. Coupures de journaux, photos, documents, discours, recueils témoignent de ce qui a été réalisé. S'il en fait étalage, ce n'est pas par vanité: il veut simplement prouver qu'il a gagné, que son opiniâtreté, sa passion ont donné des fruits.

On ne compte plus les cadeaux, souvenirs de voyages qu'il a accumulés. L'objet en lui-même ne l'intéresse pas, seulement ce qu'il ramène à sa mémoire: un fait précis, un visage, un nom: «Ma seule crainte en vieillissant est de moins voyager.»

Il vient de se trahir en rougissant:

«Où en étions-nous?» Le pull rose et les baskets projettent l'image d'un sportif décontracté, l'homme est en effet droit comme un if malgré ses 74 ans bien sonnés. Il est encore blond de peau et les rides ont pris les plis de ses sourires. Il aime bien les batailles, malgré une certaine fatigue à solliciter; mais pour les jeunes, pour rendre service, il va chercher toutes les ressources de sa diplomatie. Ses mains tendues servent à l'accueil, à la bienveillance, la générosité, mais elles servent aussi à recevoir. Car rien ne lui résiste. «Le besoin crée l'organe», répète celui qui n'aime pas parler de lui mais toujours et essentiellement de l'œuvre.

Et puis, il ne peut rester en place, se lève, appelle 20 fois sa secrétaire: «Louise, vous me trouverez l'album de photos!» S'agite. La question l'embarrasse: «Je n'ai jamais remis ma foi en question ni le sacerdoce.» Bien sûr, il est homme. Bien sûr, l'amour. Tous ces enfants autour de lui: «J'ai sublimé.» Il croit en la vie, répète-t-il, avec cependant l'œil bleu rêveur qui s'accroche à un coin de ciel. «Il faudra bien qu'on en arrive un jour au mariage des prêtres. Comment espérer qu'un jeune homme de 20 ans d'aujourd'hui s'engage dans la prêtrise et prononce des vœux de chasteté?»

Sa porte est toujours ouverte. Son cœur, son écoute. Il en entend de toutes les couleurs. Sans argent, seule, une femme lui confie sa grossesse accidentelle. «Nous allons vous aider», rassure-t-il. Un autre qu'il a connu a refusé la vie en se tuant. «On n'y peut rien, comme la poule qui pond des œufs dont certains meurent.»

On a beau tout faire, il y a toujours quelque chose qui cloche. «Il y a 40 ans, oui, il y en avait de la misère. Mais aujourd'hui...» C'est pire encore.

Il troque sans hésitation le col roulé pour le col romain. Marcel de la Sablonnière, qu'il soit au Centre, en pleine campagne de levée de fonds ou à l'*Auberge Le P'tit Bonheur* à animer le personnel, n'oublie jamais qu'il est prêtre. Une formation jésuitique de 14 années marque son homme. Le jeune Marcel, quand il s'engage à 19 ans, peut encore changer d'idée. Mais ce long cheminement convient à sa personnalité passionnée: il a besoin d'être sûr de lui, de sa volonté d'être prêtre, plutôt que de risquer l'échec ou le volte-face assez humiliant somme toute. «Une vie austère au moment de la formation. Mais j'ai eu beaucoup de liberté, on m'a fait confiance.»

Cinquième d'une famille de 13 enfants. Le papa est conducteur de tramways. Marcel apprend tôt le partage, le travail, mais aussi la vie d'équipe. Il se souvient qu'Albertine, sa mère, mettait au monde à peu près tous les étés un nouveau bébé qu'on emmenait à la maison de Sainte-Monique où ils passaient leurs vacances.

Marcel, enfant, déjà séduit; une religieuse de la paroisse le chouchoute, l'habille en enfant de chœur, l'entraîne encore plus loin dans l'atmosphère déjà fort pieuse de la famille. Il a reçu même en cadeau un «nécessaire» à dire la messe! Il officie, il sermonne.

C'est au hasard d'une lecture et d'un film que le père de la Sablonnière découvre l'idéal et le travail de don Bosco auprès des jeunes à Turin. Et il se sent appelé. Tout ce qu'il entreprend, soit au début de ses études, soit après, le mène à s'occuper de la jeunesse. Il fonde la Ligue intercollégiale de hockey en 1945, puis il devient aumônier et animateur des terrains de jeu au parc Lafontaine. Sur la rue Papineau, le père Wilfrid Gariépy, lui, fonde le Centre Immaculée-Conception sur les vestiges d'un poulailler. En 1951, on demande au père de la Sablonnière d'en assumer la direction. «Enfin le sport allait être accessible à tous.» Le sport et bien des activités culturelles car, sans Place des Arts à l'époque, le Centre est au cœur de la vie.

Le père de la Sablonnière est une nature. Par conséquent, il est énigmatique et on ne sait plus faire la part de l'homme, celle du prêtre, celle du PDG, puisque c'est un intime mélange.

«Prier, se battre. Ni l'un sans l'autre. Ni l'autre sans l'un. Mais l'un et l'autre ensemble, tous les deux», comme écrivait Péguy. C'est peut-être une façon de comprendre cet actif mystique.

Il n'aime pas le prêchi-prêcha. C'est un homme d'action. «Dieu a été bon pour moi, il m'a bien guidé, avoue-t-il, mais ce qui m'a aidé dans la vie, c'est d'aimer ce que je fais.» Vouloir rendre service et atteindre son objectif. Mobiliser toute son énergie dans le seul but de réussir, d'être responsable.

Son grand ami, le juge des enfants François Godbout, déclare: «Marcel a mis son esprit au service du cœur. C'est le secret de la vie.»

La musique recrée en lui l'harmonie et il ne se lasse jamais du *Requiem* de Mozart, ni de la *Neuvième Symphonie* de Beethoven (qu'il chante), ni de la Callas, ni de Trenet, ni de Leclerc. Il est allé entendre *La Tosca*, seul, à la Place des Arts. Et il marche seul dans les bois. Et il cherche en lui d'autres ressources, d'autres forces.

Il s'engage le soir, en lectures de chevet, dans de grandes fresques historiques, entreprend *La Renaissance et la Réforme* de Michelet, des livres d'histoire sur l'Église, des biographies.

Il médite sur les changements du monde, ceux de notre société, se désole de la baisse notable de la qualité de vie de Montréal, de l'éclatement des familles, du matérialisme, de la permissivité, toutes choses qui nuisent aux jeunes. Malgré tout, l'optimisme indéfectible du père, son assurance sont des qualités réelles et non une façade. Mais il est aussi angoissé et n'espère qu'une seule chose, mourir au travail. À l'âge de la retraite, il a retourné au ministère fédéral son premier chèque, avec la mention: «Non merci, je ne suis pas encore rendu là!»

Messe, bréviaire, tout l'ordinaire du prêtre est respecté, y compris les célébrations de mariages, de baptêmes, les funérailles. Il ne perd jamais l'occasion de rendre grâce au Seigneur: dans sa voiture, à un feu rouge, par exemple.

Mais sa plus belle occasion d'aimer est celle-ci:

«Une petite fille s'approche et me glisse à l'oreille: ‹Oh, Marcel, mon grand-père est malade et j'ai bien peur qu'il meure. Si ça arrive, j'aimerais que tu sois mon grand-père. Veux-tu?»

La générosité rend éternel.

Alain St-Germain

Lundi 23 mars 1992

A vec la tête qu'il a, il aurait pu jouer dans *Dallas*. Avec son physique, incarner n'importe quel héros chevaleresque, faire de la publicité ou devenir chanteur.

Mais entre la fiction et la réalité, Alain St-Germain a choisi d'être policier puis d'accepter, en 1989, sans l'avoir vraiment planifié, la responsabilité de directeur du Service de police de la Communauté urbaine de Montréal. «Je suis le premier surpris d'en être là!»

Le policier et l'homme, le mari, le père; une espèce d'osmose entre tous ces rôles révèle une âme d'artiste, un bucolique et un rêveur. S'il a l'occasion un jour «de vivre la vie d'un homme libre», il s'inscrira à une école de beaux-arts. Sa chanson préférée: celle de Claude Dubois, *J'aurais voulu être un artiste*. Son choix de musique: semi-classique, les grandes valses, «la musique qui transporte, repose».

Bien installé avec son chevalet, en pleine nature, il choisirait de peindre des paysages et des animaux: «Un de mes grands plaisirs est de contempler la nature, d'observer les oiseaux. À mon dernier voyage de pêche en Abitibi, après deux jours de patience, un écureuil sauvage est venu manger dans ma main.» Le dessin est un talent hérité de famille et il rappelle qu'au service de l'identité judiciaire, pendant quatre ans, il dessinait les portraits-robots.

Une main de fer dans un gant de velours

Il se décrit lui-même comme «très très discipliné», perfectionniste, patient, ouvert, sans colère, mais exigeant, mais absolu. Il ne sort jamais de ses gonds, sauf pour dire: «*Check!*», ce qui signifie qu'il en a assez. Exige de ses collaborateurs la loyauté, exprime ses opinions ouvertement, accepte la critique.

Mais voilà un chef qui étonne et déroute: «On a parfois un peu de difficulté à savoir comment je vais réagir dans telle ou telle situation. C'est que je n'ai pas de modèle. Je regarde chaque situation, j'agis en conséquence. Si je passe pour être directif à l'interne, ceux qui me connaissent savent que c'est plus nuancé.»

Le chef de 48 ans est en train de créer un nouveau style de gestion policière. «On m'a dit que je n'étais pas un chef comme les autres. Peut-être. Moi, je pense qu'aujourd'hui la police c'est plus comme c'était.» Il y a eu des progrès importants au cours des dernières années: «La situation n'est pas encore parfaite, mais au moins la police doit désormais rendre compte à la population des gestes qu'elle fait.»

Sa philosophie: «C'est le citoyen qui est et doit être la police. On est un outil. On est là pour l'aider à jouer ce rôle. Les citoyens ne peuvent être dehors la nuit à surveiller ce qui se passe, alors ils engagent des aides pour le faire.»

Faisant allusion à la manifestation récente de ses hommes dans les rues de Montréal: «Rien ne se fait sans difficulté. Si ça ne bouge pas, ça m'inquiète. Si c'est contesté, c'est que ça change.»

Travail, honnêteté, famille

Il répète souvent qu'il est chanceux. Dans sa vie, dans sa carrière. «Je travaille beaucoup, j'y mets du cœur, je veux que les citoyens soient fiers de leur Service de police.»

Tout a d'ailleurs bien commencé: «Une enfance joyeuse, intéressante, belle, dans le coton.» Né à Montréal en 1944, rue Davidson, élevé rue Saint-Germain. Le temps de se petite enfance est un temps d'insouciance et d'équilibre.

Il a neuf ans quand la famille s'installe à Repentigny dans un *bungalow* tout neuf, où vont grandir sept enfants dont il est l'aîné. Une seule fille, «la chanceuse!» L'arrivée de cette petite fille a été tout un événement. «Des images que je n'oublie pas. J'ai savouré cette époque. Je gardais mes frères, je changeais les couches. Et quand la petite sœur était malade, ah! bâtisse! que j'étais inquiet!»

Une mère à la maison attentive et aimante, un père travailleur au Canadien National, présent, responsable. Des jours qui s'écoulent sereins, sans bouleversements.

Un souvenir joyeux: «De la parenté, des Noëls chez les grands-mères avec tout le monde.»

Un souvenir lumineux: il se lève très tôt le matin et, avant de partir à l'école, va avec le chien se promener dans le bois, non loin de la maison. «Je connaissais ce bois-là comme le fond de ma poche. J'avais repéré les canards sauvages, les ratons laveurs.

Certains matins, on voyait même des chevreuils et des renards sur notre terrain!»

Un souvenir triste, le seul de cette vie sans heurts: la mort de son frère Yves à 20 ans, en 1968, dans l'incendie du Centre d'art de Repentigny. Policier et pompier volontaire, il a voulu sauver le gardien mais n'a pu s'échapper du brasier.

Une époque importante de la vie du petit St-Germain: ses années de secondaire au collège Roussin, avec les frères du Sacré-Cœur. Il réussit bien, presque toujours premier de classe, mais aussi sportif: «Il y avait un aréna. Le midi on jouait au hockey. J'ai connu le duo Gilbert-Ratelle.»

Il a 15 ans environ quand il entend à l'école un policier expliquer son métier. C'est une révélation. Le rêve s'implante. À la fin de son cours secondaire, il rencontre Denise et c'est l'amour fou. Il veut travailler, se marier, fonder une famille. Il travaille à la compagnie Mark Hot quelques mois, mais dans l'équipe de hockey il côtoie des policiers de Repentigny qui l'influencent. Il prend alors la décision de tenter sa chance et fait sa demande simultanément à Montréal et à Repentigny. «La police, c'était pour moi l'aventure, le défi, le dépassement. J'aime le monde, je voulais être en contact, travailler avec les gens. C'était ce qui m'emballai t le plus.»

Alain St-Germain est entré dans la police de Montréal en 1963; il a travaillé à pied sur la *Main*, a été ambulancier, a rempli de nombreuses fonctions. Mais il n'a jamais eu à se servir de son arme.

Un homme qui ne craint pas de changer

Alain et Denise se sont mariés à 21 ans. Ils ont une fille de 25 ans et un garçon de 20 ans. Le chef est heureux que les enfants soient grands. «Les parents d'aujourd'hui font face à de nouveaux défis.» Résolument optimiste, malgré la violence, la drogue, il croit aux vertus d'ouverture, de dialogue, d'honnêteté. «On peut changer des choses, on peut avoir un milieu sain, serein, mais il faut cesser de croire que c'est la police seule qui va le faire. Les citoyens doivent prendre en main la situation. Il faut cesser de confondre délation et responsabilité sociale.»

Il a suivi des cours dans bien des domaines, n'a jamais cessé de s'instruire, mais l'expérience humaine la plus riche qu'il ait eu à vivre fut ses rencontres de *Marriage Encounter*, auxquelles il a participé pendant sept ans. «J'ai mûri. J'ai changé. J'accepte mieux la critique, mais je travaille encore sur mon orgueil. Il faut apprendre à découvrir nos masques car on ne peut pas vivre tout le temps avec une image.»

La venue des femmes a changé beaucoup la façon de travailler des policiers, assure-t-il. «Moins de *jobs* de bras. On se parle d'abord.» La possibilité qu'il y ait éventuellement une femme chef de police ne le trouble pas du tout, au contraire. Mais là où de plus grands progrès restent à accomplir, selon lui, c'est au niveau de la représentation des groupes ethno-culturels. «Ce n'est pas parce que c'est fermé, mais plutôt à cause de l'image négative, de la perception du travail lui-même.» Un changement d'image s'impose donc: «Police veut dire répression, arrestation, détention, menottes, armes, pouvoir!» Démystifier, informer, redorer le blason de la police, Alain St-Germain n'a pas trop de 16 heures par jour pour y parvenir.

Il serait «surpris», mais accepterait de voir un de ses enfants épouser un Noir: «J'ai fait de l'autocritique, j'ai remis en question mes préjugés, mes comportements. J'ai eu la chance de côtoyer des gens extraordinaires, j'ai des amis de race noire.»

Catholique et pratiquant, le chef ne croit pas à la réincarnation mais à la destinée. Il est à l'écoute de ses voix intérieures qui, dit-il à ses jeunes officiers, «permettent d'avoir confiance en soi, de poser des gestes en conformité avec ce que l'on ressent, de prendre les meilleures décisions».

«Dans le dossier Marcellus François, c'est ça. À l'aise avec ma décision; en écoutant à l'intérieur, en analysant toutes les facettes. Je suis prêt à passer à travers n'importe quoi. Je suis tranquille.»

Vieillir? «C'est merveilleux. L'énergie, le dynamisme sont là, en mieux. Je suis plus imaginatif que je l'étais. Je ne suis pas inquiet pour l'avenir, j'ai beaucoup de choses à faire encore. J'ai l'impression que je vais quelque part.»

S'il a mis l'art en veilleuse, il ne considère pas que le travail est la priorité dans la vie. Il y a l'amour, la famille, les amis.

«Plus on avance, plus on réfléchit et plus on apprend à se laisser mener par le cœur autant que par l'esprit.»

-30-

Richard Séguin

Lundi 1ᵉʳ février 1993

« On ne sait pas ce que peut faire le *Requiem* de Fauré chez un jeune de 14 ans qui entend ça pour la première fois.»

Richard Séguin s'émeut des secrètes images qui s'impriment, de l'alchimie de la musique, de la répercussion des mots. Que fait une chanson au creux d'une oreille? La musique qui fait surgir une image, quelle émotion intime va-t-elle chercher? Le poète, le musicien, le chanteur, trinité absolue, se sent responsable de l'espace magicien qu'il va meubler.

Richard Séguin a de plus 40 ans. Il est en quête de temps. À 20 ans, il croyait qu'il pouvait tout faire, à 40, il affronte la réalité: «Non, je ne peux pas tout faire.» Ces limites ne sont plus réductrices comme il l'a toujours cru, mais au contraire créatrices, nouvelles sources à exploiter: «Je trouve ma liberté dans cette limite-là.»

Repousser ses limites comme «le cours d'eau qui prend plus de place». C'est la découverte d'un nouveau plaisir.

Comme si on était en quête, en manque. «Tout nous est renvoyé comme un *must*. Au lieu de faire bien une chose, on a la tentation de croire qu'on passe à côté de 1 000 autres. On ne dit pas: ‹je fais ceci›, mais: Je n'ai pas lu ces 15 romans-là, je n'ai pas vu ces 8 films-là, je n'ai pas vécu cette expérience.»

Le rire éclate. On l'imagine comme il est. Silhouette juvénile d'adolescent sage. Bien rasé, bien élevé, cheveux mi-longs disciplinés. Le regard franc jette du bleu.

Habitué à chanter guitare au poing, s'il parle il communique tout aussi bien, mais avec une certaine retenue. Il réfléchit à haute voix, n'hésite pas à laisser planer des silences. Calme. Il ne gesticule pas. Il ne se lève pas, nerveux, comme d'autres le font pour meubler leur trouble. Il ne raconte pas d'histoires. Et n'essaie pas de prendre toute la place, au contraire.

C'est un chef de bande. À sa manière d'être. Dans la bande d'amis comme ailleurs, il doit en imposer par sa force tranquille.

Réservé. Réfléchi.

Chanter: une responsabilité

Félix Leclerc a été le modèle. Il est encore bien vivant dans l'esprit de Richard Séguin qui n'a pas la tentation de céder à la facilité. Il est porté par son engagement et son sens des responsabilités, comme d'autres qu'il admire par l'enthousiasme. «Au-delà de ce que la chanson porte, les gestes sont importants.»

Les mythes et les étiquettes jetés à terre. L'image, quelle image? Il dit qu'il la tient à distance. Il préfère 100 fois celles qu'il porte en lui, pour écrire une chanson ou pour peindre. La peinture est en effet un univers infini qui l'obsède. Il sera davantage «un vieux peintre qu'un vieux chanteur», avoue-t-il. Mais, d'ici là, tout restera secret pour que tout reste gratuit. Et parce que «ma main ne va pas encore où je veux».

C'était ainsi quand il cherchait, il y a quelques années, avec d'autres hommes, en groupe, à comprendre sa vie d'homme, ses rapports avec la femme. «Le féminisme a été l'un des plus grands mouvements sociaux de notre temps. Il a secoué la base. Il est entré dans la vie privée. Ensemble, on voulait sortir du silence habituel des hommes. On avait besoin de réfléchir loin de la rumeur, des sarcasmes même.»

«S'il y a trop de bruit, je vais m'enfoncer. Félix appelait ça la loi du chevreuil. J'ai ce réflexe.»

Le mystère de la chanson

À 14 ans, il ne faisait pas de sport, «je ne parlais pas de chars». Sa première guitare, achetée de Claude Gauthier, lui ouvre d'autres voies; elle est en même temps un bouclier et un sésame ouvre-toi. Se faire aimer, entrer en contact avec les autres, torpiller sa timidité: le jeune Richard découvre la musique à partager.

Mais la musique est déjà un trait de famille. Car si son père a des mains apaisantes, «celles d'un médecin qu'il aurait pu être», il a aussi une voix formidable, des musiques héritées des autres avant lui. À Pointe-aux-Trembles, dans la modeste maison de son enfance modeste, entre une mère réservée époussetant au plumeau les touches du piano et les doigts de son père les animant, il y a toute une série d'expériences, d'émotions qui s'impriment, de sons qui nichent au fond des mémoires. Chose étonnante: tout le monde chante, sauf Richard. La musique doit l'apprivoiser. «Donner un son, sortir la voix. Il y a là un effort, un mystère.»

Enfant, il veut être architecte et est davantage attiré par le dessin. «C'était le silence, le travail solitaire, le monde intérieur.»

Finalement et rapidement, il sait que «c'est très beau chanter. Dès le début, si j'étais tenté d'en sortir, j'y étais ramené. Maintenant, pourquoi je chante? J'aime mieux la question que la réponse».

Malgré les détours de sa vie, les choix parfois éloignés de la culture parentale, ses espoirs et ses révoltes, le fils Séguin se surprend aujourd'hui, lui-même père d'une fille de 15 ans, Mayou, «à redire les mêmes paroles que mon père. À comprendre au fond que c'est le même amour, les mêmes peurs qui animent tous les parents».

D'autres revirements se font jour. Il y a 19 ans, c'est le retour à la terre. Les communes. Les expériences. Idéalistes, arrogants, les Séguin et les autres avec eux sont sûrs de changer le monde. Désillusion. «L'interdit avait changé de nom, de couleur. Un fond d'humain éternel. On chantait les enfants sans en avoir. Et quand on en a eu, ça a été une autre chanson!»

Retour en ville. Le combat se livre sur d'autres terrains: les garderies, et le reste. Il y a eu, bien sûr, des hauts et des bas. Des périodes d'incertitudes, de vaches maigres. Mais avec Marthe, solide et compréhensive, libre et aimante, il traverse la grisaille. Il n'est de toute façon pas du genre à se laisser abattre.

Tout le sollicite. Sa condition d'autodidacte le fouette. Dans le regard clair, on trouve de tout sauf de l'indifférence. Gaston Bachelard, *L'Euguélionne*, les mystiques, les révolutions, le rêve et la réalité, la vie et la mort. Il entretient des principes d'humanisme et lit tout le temps Krishnamurti: «Juste au moment où on pense comprendre, ça nous échappe», et s'émeut amplement, sans retenue. Il est du genre qui pleure.

Dans les groupes qu'il soutient, sympathiquement, ce qu'il aime trouver c'est l'enthousiasme: «Avec ça tu viens de déjouer l'ennui, la résignation, l'inertie. On a la tentation de laisser tomber parfois parce qu'on pense que notre action ne donnera rien. On ne sait jamais. Une parole, une phrase, une chanson, ça suffit parfois à un déclic: la naissance d'un poète, la motivation à une action.»

Richard Séguin dit en riant qu'il ne peut imaginer un monde sans chanson. Car tout en sachant «le mystère de la musique», il connaît la force de «la chanson pour un combat, la chanson pour un amour».

·30·

Michèle Thibodeau-DeGuire

Lundi 4 mai 1992

E lle a construit des ponts, connaît tout du béton, des structures, mais aussi des hommes, de leurs émotions, de leurs besoins. C'est ce qui explique la trajectoire étonnante de Michèle Thibodeau-DeGuire, ingénieure, depuis plus d'un an présidente et directrice générale de Centraide.

Petit bout de femme rieuse, ses 52 ans rayonnants, elle affiche sans détour sa principale qualité: elle aime le monde. Volubile, vivante, un tantinet *agitato*. Étonnante de densité. Une présence faite de chair et d'âme, une énergie qui se dégage, qui anime et enflamme. Elle ne laisse pas indifférent.

Avec cette empathie, on la croit douce. Elle l'est, mais bâtie de matériaux d'une grande résistance. Aujourd'hui, elle constate: «Je suis à une étape de ma vie de grande satisfaction. Une harmonie, un accord. J'ai eu cette année à relever des défis que je n'aurais jamais imaginés. C'est incroyable ce qu'on a fait à Centraide depuis un an!» Ici, les yeux en disent davantage et expriment l'ampleur de la tâche.

Des cadres ont été «remerciés». Un ménage. Une sorte de reprise en main de la situation. Mais l'important est d'assainir l'image, de rendre Centraide efficace. «C'est important Centraide, on finance actuellement 200 organismes et il y en a autant en attente. Il y a les besoins, mais aussi les gens qui aident à trouver des solutions.» Pauvreté et violence, les deux grands problèmes actuels. «Les réseaux sont importants. Tout seul, on ne vaut rien.»

C'est un chasseur de têtes qui l'a approchée. «C'est un sentiment formidable pour l'ego, mais il ne faut pas se prendre trop au sérieux.» Centraide, oui. «Ce n'est pas une création désincarnée, il faut qu'on se la réapproprie. On ne peut pas se permettre que ça ne marche pas. Il faut tout faire pour aider ceux qui sont mal pris.»

L'expérience de Boston fut aussi acceptée à la suite d'un coup de téléphone d'un chasseur de têtes. Elle fut, durant deux ans, déléguée générale du Québec en Nouvelle-Angleterre, de 1982 à 1984. Même si, dit-elle mi-sérieuse, mi-rieuse, «je ne savais même pas au départ ce que c'était une délégation», elle a toujours su s'entourer des meilleurs conseillers. «L'instinct, le réseau de confiance, les antennes, tu fonces avec ça.»

De l'ambition? Un plan de carrière?

«Es-tu folle?» Dans son cas, il faut parler de coups de cœur. «Je vends bien ce que j'aime et je me sens bien seulement si je fais quelque chose pour les gens. J'ai besoin d'épouser des causes.»

Une petite fille tannante

Son père architecte a construit 80 % de Ville Mont-Royal, là où elle a vécu la plus grande partie de sa vie. Il y a 4 enfants dans cette famille Thibodeau dont elle est l'aînée, née le 6 septembre 1941.

Enfance dorée, protégée, «une cuillère d'argent dans la bouche», sans drame; des parents unis, amoureux. Le père est asthmatique et décède à 58 ans, mais il a donné aux enfants des principes solides, légué son nationalisme et favorisé une éducation à l'anglaise. Les enfants ont connu le précepteur! Michèle a fréquenté le couvent du Sacré-Cœur «avec les gants blancs et tout», puis finalement l'école du quartier. Du piano, du patin, du ballet, des sports: une vie de jeune fille de bonne famille.

«J'étais trop tannante.» Trop jeune en compagnie de filles plus âgées au couvent elle fait tout pour se faire remarquer. Mauvaise tactique qui l'isole. Trop turbulente, on la fuit. Elle en souffre. Cela lui laisse le goût amer d'une enfance qu'elle ne voudrait pas revivre.

En réalité, la vraie vie commence à l'université. Et puis, avec un choc. Au couvent, elle était dernière de classe, mésadaptée, dirait-on aujourd'hui. Son père va dire, à la lecture d'un de ses bulletins: «Oh, toi, tu ne peux pas faire mieux.»

Dès ce jour, elle est première de classe. Des chocs pour avancer. Des événements qui influencent sa vie. «L'année où j'étais en amour j'avais les meilleures notes. Ainsi, à Polytechnique, la dernière année j'ai fini avec 85 %. J'étais en amour avec Pierre-André, qui est devenu mon mari.»

Elle est ingénieure par hasard et parce que son père lui suggère d'envisager autre chose que de passer sa vie dans un laboratoire: elle était inscrite à cette époque-là en faculté de sciences. «J'étais très docile, je me suis dit: ‹Pourquoi pas?» Elle a commencé à Poly, un vendredi matin en 1958. Entourée d'hommes, «toujours adoré ça», elle ne s'imagine pas vraiment ingénieure. «Je le faisais parce que c'était bien d'étudier, c'était chic.» L'année de son mariage, en 1963, elle est reçue ingénieure civile.

Encore une fois, un certain paradoxe. Le béton n'a pas de secrets pour elle.

«Je suis une des personnes qui a construit le plus de ponts au Québec. J'ai fait les murs de Décarie. J'ai travaillé en structures, poutres et colonnes, etc. Durant 20 ans.»

Et, bien en place dans le temps, deux enfants naissent: un garçon et une fille. «J'ai pu gagner ma vie honorablement et élever les enfants en même temps. Je m'arrangeais pour être à la maison très tôt.» Car, dans l'ordre, ses priorités sont les suivantes: les enfants, le mari, le travail et les associations.

Il est temps qu'elle change de travail, un certain ennui s'est installé. En 1985, elle entre à Polytechnique avec un premier mandat de levée de fonds, un succès au-delà des attentes, et entreprend de former, de mobiliser une équipe, de monter un service de relations publiques. Elle est là le soir du 6 décembre il y a deux ans. «Un des moments les plus stimulants de ma vie.»

Elle est là, elle entend, elle subit, elle n'y croit pas et pourtant se cache sous son bureau. Le tueur a frappé à deux pas d'elle. Encore abasourdie, elle se relève et organise «l'événement». Parents, journalistes, les besoins sont là, urgents. Elle va accepter l'aide précieuse d'experts. Et comme dans toute crise, émergent des esprits créateurs, des compétences, «des fonctionnaires de la Ville de Montréal notamment», de qui elle dit qu'il faudra bien qu'ils soient reconnus.

Elle n'a pas vécu Polytechnique comme tout le monde. Dans une autre dimension.

Une vie bien remplie, des arrêts, des reprises

«Comment raconter en peu de temps 50 ans de vie quand elle est si riche? À chaque coin de rue, il m'arrive des affaires. Je m'enflamme pour tout!»

Cette déclaration est pour justifier qu'elle saute du coq à l'âne, qu'elle veut tout dire et brosse verbalement un tableau impressionniste des dernières années.

Il y a cinq ans, un beau matin, le cancer, le gros mot, lui est venu. Une bosse sur le sein. Stress, mauvaise alimentation, environnement? «On le sait, on le sent que c'est grave.» Quel parti prendre? «On apprivoise vite cet état de choses. Mais j'ai décidé de ne pas en faire un plat. On ne tient pas à grand-chose, c'est sûr, mais on peut traverser la rue et mourir. Il ne faut pas pleurer sur soi.»

Que fait la maladie en dehors de remettre la vie dans une plus juste perspective? Michèle Thibodeau-DeGuire découvre la sympathie des autres mais aussi leur peur. Le fait d'en parler exorcise, désamorce, donne des forces. «Il faut se servir de son expérience au lieu de la nier. Il faut capitaliser sur ce qui nous arrive, c'est ce qui fait notre force.»

Durant les traitements, deux perruques, une blonde, une rousse, «pour les différents états d'âme». De l'humour, de l'amour, un sens de la bataille. «Je suis une locomotive. À Centraide, devant 500 000 personnes. Une pile qui se s'use pas.»

Aujourd'hui, elle sait comment être bien. Utiliser son énergie au bon endroit. L'essentiel. La franchise et la transparence.

Elle s'imagine vieillir et entreprendre un long voyage avec ses futurs petits-enfants.

«Je m'attends à rien et j'ai tout.» Elle veut surtout continuer longtemps à faire des ponts dans le monde, entre le monde.

Michel Tremblay

Lundi 22 juin 1992

I l vit dans une maison suspendue entre ciel et
terre où soleil et chats font bon ménage. Il règne
en maître sur un univers domestiqué, ordonné,
moderne, au sein d'un quartier vivant, attaché de
cœur et d'esprit à la vieille terre montréalaise. Il
n'aime pas partir, du reste, cela l'angoisse. Il préfère
la cime des arbres, les scintillements du Montréal la
nuit vus de sa terrasse sur le toit, les restaurants de
ses petits déjeuners comme de grandes habitudes ras-
surantes.

Michel Tremblay et son travail, «c'est du pareil
au même». Impossible de dissocier les deux, car il
revient sans cesse dans ses propos au théâtre, à
l'écriture, aux souvenirs.

Michel Tremblay, c'est la mémoire vive. Il en a
beaucoup raconté, écrit. «On ne dit jamais tout. On
va de plus en plus loin. Je ne brûlerai pas dans un
paragraphe d'interview des sujets de livres ou de
romans qui vont venir.» Éclat de rire! Car il connaît
aussi l'art et la manière des interviews.

Il est rond. De plus, il se met en boule comme un chat, replie ses jambes sous lui, se cale dans le fauteuil de cuir, accroche son regard.

Sûr de lui. Sur ses gardes.

Allergique à la flagornerie, il aime pourtant être aimé. Il ne fait pas le beau, ne parle pas de lui-même avec complaisance. Il n'est pas cachottier, mais s'il révèle il dissimule. On le sent prêt à jouer son rôle, mais aussi à cache-cache. Réservé, ouvert. Qui saisir?

L'apprivoiser. Plonger.

Il a donc 50 ans? Il ne bondit pas, ne cherche pas à fuir. «C'est l'angoisse!» s'écrie-t-il pourtant.

Fragilité. Non, il nuance. «L'âge est sociologique, c'est l'homme qui a inventé le temps, l'a coupé en petits morceaux. Dans la nature ça n'existe pas. Mais je ne suis pas vieux, je ne suis pas poqué.» Non, simplement, «il faut vivre avec. Je ne me rendrai pas à 100 ans c'est évident, plus de la moitié de ma vie est faite. Ai-je encore des choses à dire? Où vis-je, où vais-je?» D'éternelles questions. D'ailleurs il se demande qui un jour viendra lui annoncer qu'il n'est plus pertinent. Et s'il devra le croire. Certes, personne ne pourra jamais lui dire quoi faire, mais «si le public m'abandonnait...»

Un paresseux qui travaille

En attendant, la prise de l'âge lui donne de nouvelles forces, la simplicité, notamment, et moins d'inhibitions. Il sort une pièce de théâtre et un livre presque simultanément. L'imaginaire nourri aux sources de sa vie est débridé. Michel Tremblay n'est pas asséché. Il a à dire, il écrit. Il n'a rien à dire, il n'écrit pas. Il n'a pas besoin de noircir des pages par discipline. Il n'a pas besoin non plus d'être malheureux pour créer. Mais il exorcise ses démons. «L'écriture est le plus beau divan de psychiatre.»

«Ce que j'écris est plutôt noir, ce que je vis est plutôt drôle. Un ami m'a dit un jour: ‹Être si niaiseux dans la vie et écrire de si belles choses!»

Se réfugie derrière des mots qu'il laisse dans ses tiroirs, ses cahiers, au vestiaire. «Je ne traîne surtout pas dans la vie les malheurs de mes personnages. Ce serait invivable! J'aime beaucoup avoir du plaisir. Habitué de rire, de le dire quand ça va bien.»

Là où le bât blesse, c'est quand ça va mal. Se méfiant des coups de griffe des autres, il a appris le parfait contrôle de ses émotions. Prévient les débordements, s'empêche d'exploser. La peine se loge au fond de lui: «C'est un défaut, quand j'ai de la peine, je suis incapable de demander de l'aide. Je disparais, je deviens froid.» Il ne craint pas les conséquences: «Si je meurs d'un éclatement du cœur, ce sera une belle mort.»

Il lèche ses plaies seul, se guérit et retombe sur ses pattes.

Les grandes joies lui font par ailleurs des effets bizarres: «J'ai été longtemps incapable de regarder un coucher de soleil; c'était trop beau pour moi. J'étais traumatisé. Et si j'ai appris à aimer les choses belles, je m'en sens toujours indigne.»

Sentiment d'indignité devant une mise en scène d'André Brassard «trop belle», une musique, un film émouvants. «Le moment où je me suis le plus rapproché des vraies larmes, c'est au cours du film *Tous les matins du monde*: j'ai reçu la musique comme un coup au cœur.»

La musique, l'opéra sont tellement importants pour lui. L'ouïe. «La dernière fois que j'ai beaucoup beaucoup pleuré, c'est il y a cinq ans, lorsque j'ai appris que j'allais perdre l'oreille gauche. Je n'ai pas repleuré depuis. Incapable.»

Un être contrôlé. La colère? Jamais. «Patient. Un vrai Cancer. La seule chose qui peut venir à bout de ma grande patience est la mauvaise foi.» Et la colère se tourne alors contre lui-même: «Ça pourrait me tuer. Je pourrais aller jusqu'à arrêter d'écrire à cause de quelqu'un qui serait de mauvaise foi avec moi.»

Mais pas dur avec les gens. Tolérant. La rancune légère. Sauf dans le cas d'une cassure nette qui fait, au fond du cœur, une nouvelle cicatrice.

«Ça ne se rabiboche jamais.»

Et l'amour? Silence total.

Ça ne va pas bien dans le monde

«Je ne crois pas que l'être humain soit le chef-d'œuvre de Dieu.» L'homme est un animal social, on a besoin les uns des autres, c'est incontestable, mais la confiance de l'écrivain en l'homme est limitée. «Tant qu'il restera deux êtres humains sur Terre, il y en aura un qui voudra dominer l'autre. On a beau avoir inventé la civilisation, on n'a pas fait disparaître l'animal en nous.»

Ce qui l'amène à parler du pouvoir: «Voilà quelque chose en dehors de ma personnalité. Le pouvoir est la plus grande manifestation de l'égoïsme. Ceux qui aiment le pouvoir sont des mégalomanes. Je ne connais aucun politicien qui soit aimable. Du reste, ils ne cherchent pas à se faire aimer, mais à se faire obéir.»

Il a déjà vécu une époque où il n'était bien nulle part. Déchiré. Indécis. Perturbé. Il s'est raccroché à la vie, à des moments de bonheur. Ni religieux, ni mystique, le secours est venu en lui-même. «Je ne suis pas optimiste, je ne serais pas un auteur aussi tragique si je l'étais, mais si je suis déprimé je sais que ça ne durera pas.»

Bonheur ou malheur, des sentiments qui oscillent pour notre plus grand bonheur: «Heureux tout le temps, y a-t-il quelque chose de plus plate?»

L'humour est important. La tarte à la crème, les travers des autres, les siens. «Actuellement, on a plus besoin d'un Festival de l'humour que d'une tragédie.»

Une vie antérieure? «Non, c'est prétentieux. Ceux qui y croient n'ont été ni pauvres ni esclaves. Comme par hasard, ils ont toujours été des rois.» Il a pourtant un jour vécu quelque chose d'étrange: Assis au piano sur une scène. Tout à coup la conscience qu'il aurait dû faire de la musique, du piano, que l'écriture n'était pas sa place. Il lui a fallu des mois pour se remettre de ce choc.

Michel Tremblay est bien dans la vie, comme dans la ville. Une ville qui le protège, lui donne le choix d'être seul. Il a beau avoir été 52 fois en France, il ne connaît que Paris. Montréal le comble. «Ce n'est pas une ville belle, elle contient quelques horreurs d'une architecture sauvage. Mais c'est ici qu'il y a le plus d'artistes *per capita*. Elle vit, avec ses nombreuses qualités, ses défauts aussi.» Parmi ces hommes et ces femmes, ceux de sa vie, il y a une place privilégiée pour les êtres sincères tels Simonne et Michel Chartrand, deux grands personnages qu'il admire profondément.

Que sera-t-il dans 30 ans? Il souhaite vivre et mourir en gardant toute sa tête et son sens de l'humour jusqu'à la fin.

Car il a besoin d'un exutoire à une imagination inépuisable. Besoin de poser des questions qui n'auront jamais de réponses.

Mgr Jean-Claude Turcotte

Lundi 4 novembre 1991

Il jette un œil noir torve sur le solennel fauteuil épiscopal rouge et déclare, péremptoire: «Vous ne m'ferez jamais asseoir là-dedans!»

Cette affirmation seule décrit l'homme. D'une seule pièce. Spontané. Peu enclin aux mondanités ni au décorum.

Les sourcils en broussaille, une paupière lourde sur l'œil gauche lui donnent un air impressionnant qui pourrait être même hautain si l'ensemble de la physionomie n'était éclairé par un sourire d'une profonde bonté.

Sur un ventre rebondi, une croix toute simple en argent ciselé témoigne de son rang ecclésiastique. Dès qu'il est là, dès qu'il a serré la main de son interlocuteur, sans chichi, sans protocole, il se livre déjà. Et le tendre-dur à la Lino Ventura ne fait pas de détour. Il reste lui-même où qu'il soit: s'il parle à un grabataire il ne manifeste pas une compassion de circonstance, mais il communique vraiment.

L'archevêque de Montréal, Mgr Jean-Claude Turcotte, est une figure de proue, du genre à défier les tempêtes comme autant de défis. Il embrasse d'un seul regard les récifs, la mer, les hommes et l'horizon. Il voit Montréal, ses problèmes, ses solutions. Capitaine à la barre d'un «bateau ivre» non pas sans foi ni loi, mais déboussolé. Une Église à reconstruire, une ville à animer. Les jeunes, les vieux: itinérants, chômeurs, assistés sociaux; les enfants, les communautés ethniques, et surtout, surtout la pauvreté: «de la dynamite sociale», affirme-t-il.

«Dieu veille et nous donne une destinée.» Jean-Claude Turcotte est un énergique rassembleur, un quart-arrière astucieux et exigeant, les deux pieds amarrés dans le béton de sa ville, l'esprit résolument optimiste, l'âme remplie d'espoir. «J'aime ce que je fais.» Il veut simplement servir, dit-il.

Et il aime Montréal. «Comme c'est une belle ville! s'exclame-t-il au cours d'une balade en auto. Voyez l'édifice de Lavalin! Et celui-là là-bas, il n'est pas mal non plus!»

Il est monté 5 fois au 43e étage d'un édifice en construction sur la rue de La Gauchetière, avec la complicité des ouvriers. Il aime ce métier de bras qu'il a déjà pratiqué dans sa jeunesse. On l'imagine bien retroussant ses manches pour donner un coup de main. Écoutant mais aidant.

Être l'archevêque d'un grand diocèse confère une gloire certaine. Il est une sorte de héros spirituel, repère et vigie dans certaines vies mouvementées. «Il y a des gens poqués. Pour ceux-là, t'es magique, comme si on avait un contact direct avec Dieu.» Sa modestie naturelle lui évite le piège du pouvoir. Il se sent mal à l'aise dans un rôle de «vedette» mais ne veut pas décevoir.

«Je n'ai pas appris le métier que j'exerce, j'ai dû inventer.»

Et «le vieux garçon assez débrouillard», comme il se décrit lui-même, aimerait bien aller magasiner pour acheter ses effets personnels sans provoquer d'attroupement.

S'il porte le col romain, c'est parce qu'il n'aime pas la cravate. Et s'il porte une bague, c'est un souvenir. Une règle protocolaire qu'il veut assouplir, adapter à sa personnalité.

Né dans un quartier du nord de la ville il y a 56 ans, deuxième d'une famille de 7 enfants, il apprend très tôt l'autonomie. Un père dans la ferronnerie, une mère musicienne; un mélange de dureté et de tendresse que l'on retrouve dans le fils. «J'aimais mieux le baseball que le piano.» Comme il aime mieux les défis que la routine. Comme il aime bien la prière, sans être un grand mystique.

«Tous les gens que j'ai connus m'ont appris quelque chose», dit celui qui privilégie avant tout les contacts humains et le travail d'équipe. Il est attiré cependant par les enthousiastes, ceux qui ne craignent pas de mettre l'épaule à la roue. Et se souvient avec reconnaissance et émotion des grandes complicités acquises notamment au cours de la préparation de la visite du saint-père en 1984, dont il fut le grand coordonnateur.

Il veut aussi refléter la tendresse de Dieu. «Il faut aimer les autres beaucoup et avoir le goût de les aider.»

Il parle des qualités des autres. Du cardinal Léger: «Un homme remarquable, figure marquante du Québec qui écoutait, consultait.»

De Mgr Paul Grégoire: «Un saint! Une prudence! Une charité! Tellement respectueux des autres.»

Jean-Claude Turcotte a 22 ans en 1959, quand il est ordonné prêtre. Il est d'une génération de prêtres qui a été touchée par beaucoup de départs, beaucoup d'abandons. Il a été mystifié par ce phénomène, mais ne s'accorde pas le droit de juger. «Ce sont des choix différents de vie.» Sa vocation et sa foi semblaient inébranlables, le célibat accepté comme une condition à sa dévotion sans partage à Jésus. «J'ai découvert Jésus comme une personne dont on peut suivre la trace, avec qui on peut entretenir une relation.»

Il fait d'ailleurs souvent cette comparaison avec l'amour humain. «La vie intérieure, le dialogue avec Dieu sont une force. Un peu comme dans l'amour, dans un couple. Prendre le temps de retrouver l'autre. Exalter la fidélité, la durée, et accepter les moments de neutralité autant que les moments forts.»

Vicaire en milieu pauvre dans Hochelaga-Maisonneuve, aumônier auprès de la Jeunesse ouvrière catholique au début des années 60, c'est un homme de terrain, d'action. Lui qui aime les ouvriers s'interroge sur les fermetures d'usines, celle de la Vickers notamment.

«Il y a des experts là-dedans. Et ceux de la pétrochimie d'il y a 15 ans, que sont-ils devenus? On ferme, on crée du chômage dans une main-d'œuvre très qualifiée», se désole le prélat.

C'est aussi un homme de famille. D'abord, celle de l'Église de sa ville: 725 prêtres séculiers, 300 pères de communautés religieuses, 400 laïcs. Il les connaît à peu près tous. «Un évêque, c'est comme un père de famille qui établit l'unité dans un ensemble disparate.»

L'évêque doit aussi voir à la santé financière de cette famille. «Nos pères nous ont laissé des églises et non des châteaux. Ça coûte cher.»

La grande famille des ethnies. Au moins 30 groupes différents, la messe récitée en 30 langues. «Prier dans leur langue, certes, mais surtout leur fournir l'occasion de s'aider dans leur langue. Les réunir, comme c'est la vocation de l'Église, être à leur service.»

La simplicité

À la résidence derrière la cathédrale où vit Mgr Turcotte, vivent également 20 prêtres, 2 frères et 12 religieuses. Une autre grande famille.

Le ménage a été refait au moment de la visite du pape, et le décor ressemble à un grand presbytère bien tenu, les parquets reluisants, le silence imposant. L'archevêque ne veut rien changer au décor d'apparat légué par le cardinal Léger à ses successeurs à une époque où le budget était plus généreux, notamment une grande salle de réception tendue de soie rouge, de tapis rouge, de fauteuils rouges. Là précisément où se trouve le fauteuil épiscopal des grandes occasions.

Le lieu qu'il préfère est la petite chapelle au décor sobre, refuge privilégié de prière et de méditation. Pendant environ deux heures par jour, le matin, c'est son exutoire. Que raconte-t-il à Dieu? «Parfois je n'ai rien à lui dire, parfois c'est lui qui est silencieux.» Mais il lui confie ses difficultés, il réfléchit. Atmosphère feutrée, à l'abri de l'agitation citadine. La foi, la prière pour désamorcer la peur, la haine. «Une force qui nous dépasse, dit-il. C'est le message de l'Évangile.»

L'évêque trouve difficile parfois d'organiser son temps et un agenda chargé ne lui en laisse pas tellement le loisir: cérémonies, visites, rencontres le tiennent sur le qui-vive toute la journée à ses bureaux de l'archevêché, rue Sherbrooke. De plus, il lit tout son courrier, répond aux lettres des petites gens.

Il s'impose une certaine discipline personnelle. Après cinq ou six heures de sommeil, dès le saut du lit, Mgr Turcotte s'astreint à quelques mouvements de gymnastique inspirés de la technique Nadeau, reprend son souffle pour parler au Seigneur, grignoter une bouchée, puis entreprendre la journée et poursuivre ses activités tard en soirée. Pour les déplacements à l'extérieur, un chauffeur mène le prélat partout en toute sécurité. Mais il y a peu de place pour la détente, les distractions. «J'aime la musique d'église. J'ai droit parfois à d'excellents concerts au cours des cérémonies.»

Dans une chapelle étonnamment vivante, celle de l'hôpital Saint-Charles-Borromée: on y trouve des poissons, des oiseaux, des plantes et même une source, il parle de la mort, mais avec une douceur, celle d'un bon père qui veut rassurer.

Et s'il porte la tiare, tous les vêtements sacerdotaux dignes d'un archevêque, et de circonstance, il conserve une incroyable faculté d'être lui-même.

Et plus tard, quand il se penche pour parler à chacun des malades, on voit bien qu'il les aime.

-30-

Gilles Vigneault

Lundi 14 décembre 1992

I l ne méprise pas le placotage. Les pieds sur la ba-
vette du poêle jusqu'à ce que le soleil tombe
dans l'eau glacée et fasse des ronds, jusqu'à ce
que la lune prenne la relève. «Il va neiger», observe
Gilles Vigneault en levant les yeux au ciel.

L'éclairage de la lampe à contre-jour ceint la tête
du poète d'une aura et on réalise que ses cheveux sont
devenus d'un blanc doux comme un duvet d'oisillon.

Gilles Vigneault a tout le temps de réfléchir,
de dire, de choisir ses mots, de rire et, au hasard, de
réciter un brin, et même de chanter. Doucement,
sans musique, sans tamtidelam, à part quelques pas
de danse d'un écureuil sur le toit.

Plus tôt, il a voulu savoir si j'ai vu ses peupliers,
«je les ai plantés moi-même»; si je sais pourquoi le
hêtre a encore ses feuilles, «on apprend beaucoup sur
nous-mêmes grâce aux arbres»; comment la branche
de l'arbre est tombée, «les pluies acides; on n'est pas
sortis du bois!» On a écouté le pic et, tant qu'à y être,
il a été question des canards et des hérons. On a me-

suré le tas de bois, la tâche à accomplir, observé le vieux traîneau sous la neige fraîche, le compost de feuilles mortes. Et puis, le fruit bleu vif de la salsepareille a fini écrasé entre ses doigts.

Plus tard on entre dans l'atelier et les objets, toiles, livres, piano, un vieux Christ en croix sur le mur, ont tous l'air d'être à leur place depuis la nuit des temps. «Mais le bon ordre est apparent, c'est bien trop d'ouvrage d'être organisé», tient-il à préciser en ouvrant au hasard un dossier de musiques, de poèmes, de contes pour enfants, de spectacles futurs.

Vigneault a choisi comme l'arbre de plonger ses racines là. Depuis 22 ans. Un lieu d'eau et de bois, le seul salut en dehors de Natashquan, sa mer et son enfance.

Qui est tombé?

Si on parle de la relève, il demande si «quelqu'un est tombé». Et si on lui parle du temps de la retraite, il demande: «La retraite de qui? Pourquoi? Il y a quelqu'un qui a été battu?»

Longtemps, il a eu le ton de celui qui ne peut pas dire simplement bonjour sans polir sa phrase au point qu'on en oublie la question. Aujourd'hui, il va mieux. Il polit désormais ses silences. Ce qui ne l'empêche pas d'avoir la même furieuse envie de chanter. On n'a pas fini d'écouter la mer dans son coquillage.

Il a 64 ans, sa mère en a 100; il voudrait bien faire comme elle. Il a déjà à sa manière une jeunesse éclatante et fébrile qui ne compte pas ses pas. «Ça m'intéresse de vivre.» Il commence par accrocher tout ce qui bouge. Et maintenant les enfants, à qui il parle comme à des grandes personnes sensées: «Je me suis beaucoup adressé aux adultes et je vois le résultat que ça donne! Il faut essayer autre chose. Il me semble que ça a des chances de donner plus de résultats. Et arrivé à un certain âge, si on n'a rien à montrer aux enfants c'est une honte.»

Les contes sont des rites initiatiques. Peu importe la forme, le poète parle «d'eau, d'air, de feu, de terre, temps, espace et mort. En fait, nous n'avons que cela à dire. Et parler de mer, c'est parler du commencement, vie, amour, mort». L'enfant tend sa main et Vigneault y lit. Ce qui fut est rare, mais tout est avenir.

Et l'école a de quoi faire réfléchir: «Je m'interroge sur l'excellence. Ne devrait-on pas parler plutôt d'exigence? Quand on fabrique 1 gagnant sur 100, est-ce qu'on ne fabrique pas, en même temps, 99 perdants?»

Y regarder à deux fois

Le poète s'empêche de tourner en rond. Il a deux âmes: une voyageuse, une amoureuse. La première l'a mené plusieurs fois loin de Natashquan, mais il ne s'est pas attardé. Bien que certains coins de France... Londres, le Japon ne l'ont pas laissé indifférent. «C'est peut-être en voyageant qu'on acquiert le droit de prendre la liberté d'être quelque part.» Mais comment faire quand on a horreur de partir? Quand on a peur de l'avion?

Son âme amoureuse lui a donné sept enfants et une réflexion: «On aime ceux qu'on prend le temps de regarder, ceux à qui on donne son temps, le temps d'écouter. Les gens devant qui on peut se taire, on peut dire que c'est un commencement d'amour. Cela ressemble à une démarche, à une même manière d'être devant les choses. Les gens qu'on aime méritent notre respect, notre deuxième regard.»

Au quotidien, ni bougonneux ni boudeur, il se tait parfois. Et d'autres fois: «il m'arrive de gueuler comme tout le monde», et ajoute qu'il y a, chaque jour, 1 000 motifs de colère. «Un vrai Scorpion. Je ne jette pas le bébé avec l'eau du bain, je suis plutôt du genre chercheur de ce qui est bon à récolter dans les décombres.» Il a depuis longtemps perdu la notion de péché et ne choisit pas entre les sorcières et le Christ, mais prend les deux.

Il écrit ses éphémérides, écritures quotidiennes des menus événements. Morales, assure-t-il, à mettre entre toutes les mains. Écriture plaisir. Écriture souvenir. «J'aurais tant aimé que ma mère tînt journal. Mais elle n'a pas eu le temps, entre le chagrin de ses enfants morts de grippe espagnole et le reste de la vie.» Un regret d'une source d'enfance à laquelle il pourrait encore puiser.

Dans le quotidien, l'inspiration

Le «gros paresseux» se lève tôt. Sa journée commence avec les chiens à nourrir. Puis, dans les périodes d'enregistrement, il s'enferme au studio et n'en sort pas avant la tombée du jour. Mais la plus petite acivité ordinaire débouche sur l'inspiration, qui est sa forme première de travail. Le geste de couper du bois, celui de marcher dans les feuilles mortes, lui permettent «de mettre de l'encre sur du bois» éventuellement.

Il regrette de ne pouvoir aller au théâtre plus souvent, mais il écoute beaucoup de musique, Bach, Schumann, Chopin, etc. «Moins les opéras. Je crois que c'est la jalousie des belles voix!»

Il lit Hubert Reeves, «c'est comme prendre des vitamines». Des romans, «c'est comme prendre des aliments». De la poésie, «cela s'approche de la drogue, c'est un remède de cheval».

«Je me sens jeune.» Mais il ne veut pas être jeune. «Je suis heureux de mon âge, sans m'en vanter.

Ce qui est dur, ce n'est pas d'être vieux, c'est de vieillir. Et le sentiment de continuité est quelquefois terriblement illusoire. Je ne souhaite pas à mes petits-enfants de me ressembler. Mais qu'ils soient eux-mêmes.»

Touché par la bonté, le courage quotidien, l'endurance. Gilles Vigneault ne se désengage pas, ni des causes ni de ce qui lui tient au cœur. «Je suis resté fidèle à la grande cause qui est de faire un pays avec ce pays. C'est mon premier devoir.» Objectif, lucide, il croit que s'il n'a pas réussi toujours à faire passer son message, c'est qu'il s'est mal exprimé. Mais le capitaine ne change pas de cap.

Si l'incertitude, le doute, «la hâte du lendemain, la course d'un amour à l'autre» ont été des compagnons de jeunesse, Gilles Vigneault n'est tout de même pas «mécontent de tout».

«Si c'était à refaire, j'essaierais d'éviter quelques grosses gaffes. Mais je voudrais renaître de la même manière, je ne changerais pas d'enfance. Si j'avais à recommencer, il me semble que j'écrirais plus souvent à mes parents, pour leur dire tout ce que je ne leur ai pas dit.»

Et la phrase se fait belle jusqu'à la lie:

«Aujourd'hui ne me fait point content de moi, mais je le préfère cent fois à ce que je me vois avoir été.»

·30·

Notices biographiques

PIERRE BOURGAULT • Écrivain, journaliste, professeur et orateur, né à East Angus le 23 janvier 1934. Études classiques au collège Brébeuf. 1960-1964: a travaillé à *La Presse*, à la rotogravure. 1964: président du Rassemblement pour l'indépendance nationale. 1968: le RIN se saborde pour joindre les rangs du Parti québécois. Depuis 1976, professeur de communications à l'Uqam. Orateur, animateur radio et télévision. Comédien, écrivain. Au cœur de tous les débats importants. Auteur de six ouvrages: *Québec quitte ou double*, 1970; *Oui à l'indépendance du Québec*, 1977; *Écrits polémiques 1982-1983*; *Le plaisir de la liberté*, 1983; *Moi, je m'en souviens*, 1989; *Maintenant ou jamais*, 1990; *Bourgault doux-amer*, 1992.

PIERRE BOURQUE • Directeur du Jardin botanique de Montréal et père du Biodôme, né à Montréal le 29 mai 1942. Collège Laval, à Laval. 1956-1960: études au collège Sainte-Marie. 1961-1965: École supérieure d'horticulture de Vilvorde, en Belgique. Ingénieur en horticulture, cours de gestion, d'espagnol, etc. Horticulteur en chef, Ville de Montréal. Directeur adjoint, Service des Travaux publics. Exemples de réalisations: Floralies de Montréal, Insectarium, Jardin et Pavillon japonais, Jardin de Chine, Bonsaïs, concepteur et réalisateur du Biodôme, etc. Il a aussi été chargé de cours à l'Université de Montréal, à la faculté d'aménagement. Nombreuses activités professionnelles. Rayonnement international et partage de l'expérience montréalaise. Une cinquantaine de publications sur l'horticulture et autres sujets connexes. Reconnaissances diverses autant à l'étranger qu'ici, médailles et récompenses. Officier de l'Ordre national du Québec.

EDITH BUTLER • Chanteuse, née à Paquetville, Nouveau-Brunswick, le 27 juillet 1942. Études: école Notre-Dame-du-Sacré-Cœur, collège Notre-Dame-d'Acadie. Licence en lettres de l'Université Laval. Doctorat *honoris causa* en lettres, université du Nouveau-Brunswick. Doctorat *honoris causa* en musique, université de Moncton. Membre du Conseil des Arts du Canada. Plus de 500 spectacles au Japon. Chevalier de l'Ordre des francophones d'Amérique. Tournées aux États-Unis, en Angleterre, Irlande, Belgique, Suisse et France. Officier de l'Ordre du Canada. Princesse abénakis. Prix international de la chanson, Paris, 1981. Plusieurs Félix, dont celui de l'artiste qui s'est le plus illustré à l'étranger, en 1986. Cinq disques d'or et trois de platine. Dix-neuf albums de chansons.

MICHEL COURTEMANCHE • Humoriste, né à Montréal le 11 décembre 1964. École secondaire Leblanc à Laval. Cegep Montmorency. 1984: membre de la Ligue d'improvisation de l'Université de Montréal. Auditions Juste pour rire. 1987: il fait la tournée des Monstres de l'humour, 250 spectacles au Québec. Il écrit son premier spectacle solo: *Un nouveau comique est né,* présenté plus de 500 fois. 1990: trois mois au *Palais des glaces,* à Paris. Il va partout, il fait un malheur, il gagne des prix. Son dernier spectacle: *Les nouvelles aventures de Michel Courtemanche,* a été couronné de succès. C'est un grand amateur de bandes dessinées.

YVON DESCHAMPS • Humoriste et comédien, né à Montréal le 31 juillet 1935. Fréquente l'école Supérieure de Saint-Henri. Après une certaine vie de bohème, décroche un premier et déterminant emploi stable en 1953, à Radio-Canada: courrier à la discothèque. 1958: il joue *Andromaque* au *Théâtre universitaire canadien.* 1959: il se joint à l'équipe de Paul Buissonneau et la Roulotte. 1960: le théâtre semble être sa vocation, il s'y donne à cœur joie. 1961: un de ses talents est exploité, on le retrouve batteur de Claude Léveillée. 1967: assidu de *La boîte à Clémence,* d'autres boîtes à chansons, d'autres scènes. 1968: premier *one-man show.* Ses monologues sont déjà des classiques. On les rit partout. Du cinéma, des disques, des spectacles. Le succès. 1992: 35 ans de vie artistique et une tournée avec son spectacle *U.S. qu'on s'en va?*

DIANE DUFRESNE • Chanteuse de réputation internationale, née à Montréal le 30 septembre 1944, dans le quartier Hochelaga-Maisonneuve. Étudie l'art dramatique et le chant. Enfant, elle vit ses premières expériences de chansons dans les cabanes à sucre. 1972: un grand succès, *J'ai rencontré l'homme de ma vie.* 1975: son premier *one-woman show,* au *Théâtre Maisonneuve* de la Place des Arts. 1977: prix de la Jeune Chanson. Par la suite, d'autres spectacles et d'autres microsillons qui la propulsent au firmament des *stars* internationales. 1981: elle clôture le grand spectacle de la Saint-Jean au Vieux-Port de Montréal. Elle a tourné depuis un documentaire à Rio, Brésil. *Symphonique'n Roll,* Festival de Lanaudière. *Les hommes de ma vie,* spectacle à Paris. Le Japon l'acclame. Elle participe comme invitée spéciale à plusieurs émissions de télévision et événements spéciaux. Elle vit et écrit à Paris depuis plusieurs années.

Notices biographiques

CHARLES DUTOIT • Chef et directeur artistique de l'Orchestre symphonique de Montréal, né le 7 octobre 1936 près de Lausanne, en Suisse. Études musicales, violon, alto, piano, percussion et direction d'orchestre aux conservatoires de Lausanne et de Genève. Au cours des années 50, il est directeur artistique de l'Orchestre de Renens. De 1966 à 1978, il est directeur artistique des orchestres de Berne, Göteborg et Mexico. 1977: nommé directeur artistique de l'OSM. 1990: directeur musical de l'Orchestre national de France. 1988: médaille du Conseil canadien de la musique. Doctorats *honoris causa* de diverses universités. Des tournées dans tous les pays du monde Plus d'une cinquantaine de disques. De nombreux prix d'excellence.

SYLVIE FRÉCHETTE • Médaillée olympique et championne mondiale en nage synchronisée, née à Montréal le 27 juin 1967. Études: baccalauréat en éducation physique à l'Université de Montréal. Voici les grandes lignes en résumé de sa jeune carrière. 1985: Coupe du monde Fina, première en équipe. 1986: rencontre en URSS, première en solo. 1987: Coupe du monde Fina, Caire, deuxième. 1988: Synchro Roma, Rome, première en tout. 1989: Championnat canadien, première en tout. 1990: Jeux du Commonwealth, première solo, première en figures. 1991: à Perth, en Australie, championne mondiale; et préolympiques de Barcelone, première solo. 1992: Barcelone, médaille d'argent; des tribulations qui lui ont ravi à la dernière minute la médaille d'or, une situation actuellement à l'étude devant un comité olympique international. Depuis son retour triomphal, elle est la porte-parole officielle de la Banque Nationale.

AGNÈS GROSSMANN • Musicienne et chef de l'Orchestre métropolitain, née à Vienne, en Autriche, le 24 avril 1944. Études académiques et musicales dans sa ville natale. Pianiste de concert, elle doit abandonner une carrière prometteuse à la suite d'un problème de santé à la main. Retour à Vienne pour apprendre la direction d'orchestre. Mariée à Raffi Armenian, lui aussi chef d'orchestre. Première femme à diriger le Salzburg Mozarteum Orchestra. Elle a dirigé, entre autres, l'Orchestre de chambre de Vienne et l'Orchestre philharmonique de Calgary. Jusqu'en 1984, elle était directrice artistique du Vienna Singakademie. Depuis 1989: directrice artistique du Chamber Players de Toronto, de l'Orchestre métropolitain de Montréal et du Centre d'arts d'Orford. Outre au Canada, elle a dirigé des orchestres à Vienne, à Salzbourg et au Japon.

PIERRE MARC JOHNSON • Avocat, professeur et ancien premier ministre du Québec, né à Montréal le 5 juillet 1946. Mère: Reine Gagné. Reçu au Barreau en 1971. Reçu médecin en 1975. Premier ministre du Québec en 1985. Il a été successivement élu député et puis ministre des Affaires intergouvernementales, procureur général, ministre de la Justice, ministre des Affaires sociales, ministre des Institutions financières, ministre du Travail et de la Main-d'œuvre, chef de l'opposition. Professeur de droit public et d'éthique de l'environnement à l'université McGill. Conférencier et participant à des réunions touchant l'économie et l'environnement. Conseiller spécial du secrétaire général de la Conférence des Nations unies sur l'environnement et le développement. Membre du conseil du Groupe SNC. Bien d'autres implications dans le monde de l'environnement et de l'économie.

ANDRÉE LACHAPELLE • Comédienne, née à Montréal le 13 novembre 1931. 1945: cours de diction et d'art dramatique, notamment chez Henri Norbert et Ari Marist. 1953: art dramatique chez Pierre Bertin, à Paris. Elle commence très tôt à travailler et sa carrière est bien remplie, sans interruptions. À la télévision, on la retrouve depuis longtemps dans bien des téléromans, dont: *14, rue de Galais, Filles d'Ève, Le temps d'une paix, Monsieur le ministre, La maison Deschênes, Scoop*, etc. Le cinéma réclame sa part de cette grande comédienne et on la retrouve dans: *Caro Papa, Laura Laure, Jésus de Montréal, Dans le ventre du dragon, Le jeune homme et la dame, Les naufragés du Labrador, Nelligan, Léolo*, etc. Au théâtre, il y a eu: *Le retour des oies blanches, Les caprices de Marianne, Huis clos, L'échange, Un tramway nommé désir, L'homme-éléphant, Les paravents, Fleurs d'acier, Lettres d'amour*, etc.

PHYLLIS LAMBERT • Architecte, fondatrice et directrice du Centre canadien d'architecture, née à Montréal le 24 janvier 1927. Elle est aussi professeure auxiliaire à l'école d'architecture de l'université McGill et professeure agrégée à la faculté d'aménagement de l'Université de Montréal. Présidente fondatrice d'Héritage-Montréal. Membre fondateur et présidente de la Société du patrimoine urbain de Montréal. Elle est *fellow* de l'Institut royal d'architecture du Canada. Elle a été directrice de la planification du Seagram Building à New York. Reçue officier de l'Ordre du Canada. Chevalier de l'Ordre national du Québec. Elle est membre actif de nombreux comités et jurys et appelée en consultation sur de nombreux projets. Ses récompenses, doctorats *honoris causa* et titres ne se comptent plus.

Notices biographiques

ROGER D. LANDRY • Président et éditeur du quotidien *La Presse*, né à Montréal le 26 janvier 1934. Études notamment à l'Institut des sciences politiques de Paris et à la London School of Economics. Bell Canada: responsable du *marketing* auprès du gouvernement du Québec. Sûreté du Québec: conception du réseau téléphonique mobile. 1965: Expo 67 et directeur de l'accueil des chefs d'État et du service d'hôtesses. 1970: fonde un cabinet de relationnistes-conseils. 1977: vice-président *marketing* au club de baseball Les Expos, où il crée Youppi. À *La Presse* depuis 1980. Participe à de multiples événements d'ordre culturel et social. Officier de l'Ordre du Canada et de l'Ordre national du Québec. S'implique au sein de nombreux comités et conseils d'administration, notamment celui de la Place des Arts.

ROBERT LAPALME • Caricaturiste, peintre, né à Montréal le 14 avril 1908. À quatre ans, il dessine déjà des oreilles de chevaux. 1917: LaPalme père installe ses fils sur une terre en Alberta. 1925: retour à Montréal, il échoue à l'examen d'entrée pour l'École les beaux-arts. 1929: fausses notes à la Société canadienne d'opérette, mais on lui remet tout de même sa carte de membre. 1930: expose pour la première fois ses caricatures au théâtre *Stella*. 1935: il épouse Annette Demers et travaille à New York dans divers journaux. 1937: entre au *Droit* à Ottawa, ensuite au *Journal de Québec*. Un itinéraire d'expositions et de révoltes. Tout ce qui est interdit stimule son imagination. 1950: entrée au *Devoir*, 1951, *Le nez de Cléopâtre*, à Radio-Canada Paris, avec une bourse d'études. 1963: lance le Salon international de la caricature. Officier de l'Ordre du Canada, membre de l'Académie royale du Canada, etc. 1993: une curiosité insatiable, un bel appétit de vivre.

JOËL LE BIGOT • Animateur radiophonique, Radio-Canada *CBF Bonjour*, né le 28 mars 1946 à Livarot, en Normandie. Arrivé avec armes et bagages et toute la famille à Montréal, en 1948. Études dans les écoles de quartier. Perfectionnements en littérature, en histoire chinoise, etc. Après bien des détours et des petits métiers, fait en 1965 ses débuts à la radio, à CJMS. 1967: parfait sa formation radiophonique plus loin en province, comme c'était la mode à l'époque (Radio-Canada, Chicoutimi). 1970: anime une émission jeunesse. La vocation semble irrévocable: de 1971 jusqu'à 1975, il anime *Format 30, Format 60*. 1975: *Science Réalité*, une émission qu'il adore. Depuis 1977: *CBF Bonjour*. Chaque matin sur la sellette.

DANIEL LEMIRE • Humoriste, né à Drummondville le 10 octobre 1955. Créateur de l'oncle Georges. Études secondaires dans sa ville natale. Commence très tôt l'aventure de la vie et du travail. Joue au tennis et au baseball. Collectionneur de bandes dessinées. 1978: théâtre et humour: il aménage, avec des amis, un théâtre dans une ancienne école de village. 1980: *Parlez-moi d'humour*, premier *one-man show*. 1982: *Lundis des Ha! Ha!* Premier Festival Bell Juste pour rire. D'autres *one-man shows*. Des tournées partout en province, ailleurs au Canada et même à Paris, au *Théâtre de Dix Heures*. Félix, Virginie, Catherine, ses trois enfants. Hait le film *Le silence des agneaux*. Aime James Taylor, Paul Simon.

SUZANNE LÉVESQUE • Animatrice radio et télévision, née à Saint-Félicien le 10 avril 1943. Pensionnaire chez les Ursulines à Québec. Elle s'inscrit au Conservatoire d'art dramatique, où elle rafle tous les premiers prix. Actrice durant cinq ans, mais sans avoir, reconnaît-elle, la véritable vocation. Sa première émission de radio fut aussi son plus grand défi: remplacer Jean Besré à CKAC, mais récolter, avec le trac, les honneurs de la gloire. Ensuite, âme et inspiratrice durant 15 ans de l'émission *Touche-à-Tout*. Actuellement au cœur de *La Bande des Six*, à la télévision de Radio-Canada, pour temporiser, animer et mener la barque. Dévoreuse de littérature.

DORIS LUSSIER • Écrivain, comédien et créateur du père Gédéon, né à Fontainebleau le 15 juillet 1918. 1932-1940: pensionnaire au séminaire de Québec. 1941: ses premières armes à *Radio-Carabin*. 1943: baccalauréat ès Arts. 1944: maîtrise en sciences sociales; secrétaire personnel du doyen de la faculté des sciences sociales, le père Georges-Henri Lévesque. 1945: les Compagnons de Saint-Laurent. Le 2 décembre 1954: première apparition du père Gédéon, dans *Les Plouffe* de Roger Lemelin, à Radio-Canada. 1955: laisse l'enseignement universitaire pour le métier de comédien. 1957-1967: membre de la Commission politique du Parti libéral. Travaille avec René Lévesque. Participe au congrès de création du Parti québécois. Anime plusieurs émissions de télévision, dont: *La poule aux œufs d'or*. 1970: se présente sous la bannière du Parti québécois dans Matapédia et est défait. Promène le père Gédéon partout où il va, écrit des livres, entre autres *Philosofolies*, en 1990; *À propos d'indépendance... en* 1992; *Le père Gédéon*, en 1992. Il ne perd pas une occasion de faire entendre sa voix.

SIMONNE MONET-CHARTRAND • Écrivaine, animatrice sociale et féministe, née le 4 novembre 1919 à Montréal. Décédée le 18 janvier 1993. Études au pensionnat Marie-Rose. 1935: brevet d'enseignement. Études en service social, histoire, littérature et civilisation québécoise à l'Université de Montréal. Scripteure, animatrice, consultante et panéliste à la radio et à la télévision de Radio-Canada. Journaliste à la pige. 1944-1966: École des parents, Union des familles, etc. 1961: membre fondateur de *La voix des femmes du Québec*. 1966: membre fondateur de la Fédération des femmes du Québec. Impliquée activement depuis 1963 au sein de la Ligue des droits de l'Homme, dont elle change le nom en 1978 en celui de la Ligue des droits et libertés. Coauteure avec Carmen Villemaire de *L'espoir et le défi de la paix* (Éditions Guérin). À écrit quatre tomes autobiographiques: *Ma vie comme rivière*, aux Éditions du Remue-ménage, qui relatent les époques suivantes: 1919-1942, 1939-1949, 1949-1963 et 1963 à 1992.

LISE PAYETTE • Auteure, animatrice et ancienne ministre, née le 29 août 1931 à Saint-Henri. Enfance à Verdun. Études primaires et secondaires à l'école Sainte-Jeanne-de-Chantal. Pensionnat Sainte-Angèle. Vie politique: élue dans le comté de Dorion, le 15 novembre 1976. 1980-1981: ministre d'État au Développement social. Ministre d'État à la Condition féminine. Ministre responsable du Conseil du statut de la femme. Animatrice télé: 1989, *Disparaître;* 1972-1975: *Appelez-moi Lise*, Radio-Canada. Animatrice radio: 1964-1969: *Place aux femmes*. Presse écrite et plusieurs livres. Plusieurs téléromans et séries: *Les dames de cœur, La bonne aventure, Marilyn, Montréal ville ouverte*. Elle anime actuellement *Tête-à-tête* à Télé-Métropole et *Les choix d'une nation,* qui paraît à Télé-Métropole et à Radio-Québec. Divers: présidente du conseil d'administration de la Fondation des bénéficiaires du Centre d'accueil Gouin-Rosemont.

LORRAINE PINTAL • Comédienne, metteur en scène et directrice générale du *Théâtre du Nouveau Monde,* née à Plessisville le 24 septembre 1951. Cegep de Sherbrooke. Cinq années au Conservatoire Lasalle de Montréal. Trois années au Conservatoire d'art dramatique. 1973: stage en France et en Angleterre grâce au prix Jean-Valcourt. Comédienne de théâtre, elle a joué notamment dans *Sainte-Carmen de la Main, Equus, Wouf Wouf, Andromaque, Mistero Buffo*, etc. A joué au cinéma dans *L'ange noir*. Metteur en scène au théâtre: *Vol au-dessus d'un nid de coucous, Hosanna, Ha Ha, Les femmes savantes, Le syndrome de Cézanne, La visite des sauvages, Sœur Agnès, Gens du silence, Une amie d'enfance,* etc. Réalisations à la télévision: *Montréal, P.Q.* de Victor-Lévy Beaulieu. Télévision: *Bye Bye 1978,* etc. Écritures théâtrales.

JACQUES PROULX • Président de l'Union des producteurs agricoles, né à Saint-Camille le 28 avril 1939. Mère: Cécile Royer. Agriculteur, il est impliqué très tôt dans la vie de son village; déjà à l'école, on reconnaît son *leadership*. Vingt-cinq ans de syndicalisme agricole, sans coup férir. Dans les années 60, il est nommé commissaire d'école. Implication dans le milieu de l'assurance avec Les Coopérants. Président de Solidarité rurale. Vice-président de la Fédération canadienne de l'agriculture. Membre du SAGIT, comité consultatif sur le commerce international du Canada. Commissaire à la Commission Bélanger-Campeau. 1991: nommé Patriote de l'année.

ANDRÉE RUFFO • Juge au Tribunal de la jeunesse, née à Montréal le 20 août 1942. Elle a fréquenté le pensionnat Notre-Dame-des-Anges. Études au collège Basile-Moreau 1963-1964. Baccalauréat en pédagogie. 1974: licence en droit, Université de Montréal. 1979: elle met sur pied le premier bureau de pratique privée au Québec œuvrant exclusivement dans le domaine de l'enfance. 1983-1985: membre du Comité spécial d'étude de la prostitution et de la pornographie créé par le ministère fédéral de la Justice. 1986: nommée juge au Tribunal de la jeunesse. Enseigne à l'Université de Montréal et à McGill. Activités innombrables reliées à son travail. Un livre important: *Parce que je crois aux enfants*. Un livre plus récent: *Finalement... les enfants,* coauteur Yves Beauchemin. Une influence majeure: Françoise Dolto. De nombreux démêlés avec ses pairs pour des jugements hors normes et ses prises de position publiques.

MARCEL DE LA SABLONNIÈRE • Prêtre à l'esprit olympique, né à Montréal, rue Villeray, le 21 mai 1918. Études au collège Saint-Laurent, au séminaire de Sainte-Thérèse. Université de Montréal (histoire). Licencié en théologie en 1950. Inspiré profondément par l'œuvre de don Bosco. 1946: fonde la Ligue intercollégiale de hockey. 1951: devient directeur du Centre Immaculée-Conception. 1962, une grande année: membre du Conseil consultatif national de la santé et du sport amateur; fondateur de l'Association des centres de loisirs; met sur pied l'*Auberge Le P'tit Bonheur*; lancement du Salon Camping et Sports; nommé directeur de l'Association olympique canadienne. Un des plus beaux jours de sa vie: le 15 juillet 1976, à titre de vice-président de l'Association olympique canadienne, de délégué officiel du Comité organisateur des Jeux de la XXIe Olympiade, il accepte la flamme olympique des mains du président du Comité olympique grec, au milieu du Stade panathénien d'Athènes.

ALAIN ST-GERMAIN • Directeur du Service de police de la Communauté urbaine de Montréal, né à Montréal le 14 septembre 1944. Sa mère: Simone Rocheleau. Un ancêtre français, soldat de Carignan. 1962: études au collège Roussin. 1963: entrée au Service de police, au sein duquel il exerce diverses fonctions opérationnelles et administratives. A assumé, entre autres, la responsabilité du district 32. Diplôme en identification et détection de crimes. Diplôme en sciences policières. Certificat en administration à l'Uqam. Gestion de personnel, relations de travail. A participé à la coordination de grands événements tenus à Montréal, dont la visite du pape, le Marathon international de Montréal, etc. Il a sous ses ordres au-delà de 4 500 policiers, dont près de 400 femmes. Il siège au conseil d'administration de plusieurs organismes et est impliqué directement dans la lutte contre la drogue, la violence familiale, la prévention du crime, etc.

RICHARD SÉGUIN • Compositeur-interprète, né à Montréal le 27 mars 1952. Études secondaires à Pointe-aux-Trembles. Révélation de sa vocation artistique: au cours d'un premier spectacle, à 16 ans, en compagnie de Marie-Claire Séguin, sa sœur, en première partie d'un spectacle de Gilles Vigneault. En dépit du succès des Séguin, en 1976 les jumeaux se séparent pour prendre des routes différentes, alors qu'ils sortent leur quatrième album, *Festin d'amour*. 1977: avec Serge Fiori, *Deux cents nuits à l'heure*. 1980: il plonge dans la mêlée avec un premier album solo, *La percée*. D'autres albums suivent, d'autres spectacles, d'autres tournées. 1992: en octobre, 4 Félix. Sur la route avec ses musiciens, il visite tout le Québec. Il reprend en 1993 la plume et la feuille blanche pour préparer de nouvelles chansons.

MICHÈLE THIBODEAU-DEGUIRE • Ingénieure, présidente et directrice générale de Centraide Montréal, née à Montréal le 6 septembre 1941. 1963: École polytechnique en génie civil. Jusqu'en 1968, elle poursuit sa formation en génie. 1963-1975: ingénieure en structures chez Lalonde, Girouard, Letendre. 1975-1982: ingénieure conseil chez Francis Boulva et associés. 1982-1984: elle est nommée déléguée générale du Québec en Nouvelle-Angleterre. 1985-1986: adjointe au président et directrice des relations publiques à l'École polytechnique jusqu'en 1991. Elle a reçu un doctorat *honoris causa* du River College au New Hampshire. Depuis 1965: n'a pas cessé de s'impliquer dans diverses associations et activités paraprofessionnelles, notamment au Conseil supérieur de l'Éducation, à l'Association des diplômés de l'Université de Montréal, à celle des ingénieurs-conseils du Canada et à l'Ordre des ingénieurs du Québec.

MICHEL TREMBLAY • Romancier et dramaturge, né à Montréal, rue Fabre, le 25 juin 1942. Il est aussi scénariste, traducteur, adaptateur. Une «forte» 11e année. Il ne pense qu'à écrire. 1963-1966: il est linotypiste, métier qu'il a appris aux Arts graphiques. 1965: rencontre André Brassard, écrit *Les Belles-Sœurs*, créée en 1968. 1972: un court métrage, *Françoise Durocher, waitress*. 1976: création de *Sainte Carmen de la Main*. Depuis 1978: plusieurs œuvres romanesques, dont: *La grosse femme d'à côté est enceinte, Thésèse et Pierrette à l'école des Saints-Anges, La duchesse et le roturier*, etc. Des œuvres traduites dans toutes les langues. De nombreux prix et honneurs. Plusieurs doctorats *honoris causa*. Création récente de *Marcel poursuivi par les chiens*. Récits récents: *Douze coups de théâtre*.

JEAN-CLAUDE TURCOTTE • Archevêque de Montréal, né à Montréal le 26 juin 1936 dans la paroisse Sainte-Marguerite-Marie. Études classiques au collège André-Grasset. Études théologiques au grand séminaire de Montréal. Ordonné prêtre le 24 mai 1959. Vicaire à la paroisse Saint-Mathias de 1959 à 1961. Aumônier adjoint de la JOC de 1961 à 1964. Études en France, où il obtient un certificat en pastorale sociale. De retour au pays, il est nommé aumônier diocésain de la JICF ainsi que du Mouvement des travailleurs chrétiens. 1981: Mgr Paul Grégoire le désigne comme vicaire général du diocèse de Montréal et coordonnateur général de la pastorale. 1982: à 46 ans, il devient évêque de Suas et auxiliaire de l'archevêque de Montréal. 1982: il reçoit l'ordination épiscopale des mains de Mgr Grégoire. Il est nommé archevêque, par Jean-Paul II, le 17 mars 1990.

GILLES VIGNEAULT • Poète et chanteur, né à Natashquan le 27 octobre 1928. 1941 à 1953: petit séminaire de Rimouski. Licence en lettres à l'Université Laval. 1958: divers travaux humbles et profitables. 1959: *Jos Monferrand* voit le jour. 1960: à l'ouverture de la première boîte à chansons à Québec, premières compositions. 1961: au *Gesù*, premier spectacle solo. 1963: spectacle à *La Comédie Canadienne*. 1964: création de *Mon pays*. 1967: l'*Olympia* de Paris. 1974: la Francofête sur les plaines d'Abraham. 1990: il célèbre 30 ans de chansons et réunit dans un coffret anniversaire 101 chansons. Publication de poèmes, contes et comptines: *Les îles, Les quatre saisons de Piquot, Quelques pas dans l'univers d'Eva*. A publié *Bois de marée* cette année. Et maintenant, un nouveau conte et cassette pour enfants: *Léo et les presqu'îles*.